主办单位：上海外国语大学
承办单位：上海外国语大学中国外语战略研究中心

语言政策与语言教育
第 1 期
2015 年

主编 赵蓉晖

2015 年·北京

图书在版编目(CIP)数据

语言政策与语言教育.第1期./赵蓉晖主编.—北京：商务印书馆,2015
ISBN 978 - 7 - 100 - 11485 - 1

I.①语… Ⅱ.①赵… Ⅲ.①语言政策—文集 ②语言教学—文集 Ⅳ.①H0-53

中国版本图书馆 CIP 数据核字(2015)第 175544 号

所有权利保留。
未经许可，不得以任何方式使用。

语言政策与语言教育
第 1 期
赵蓉晖　主编

商　务　印　书　馆　出　版
(北京王府井大街36号　邮政编码100710)
商　务　印　书　馆　发　行
北京艺辉印刷有限公司印刷
ISBN 978 - 7 - 100 - 11485 - 1

2015年10月第1版　　开本 787×1092　1/16
2015年10月北京第1次印刷　印张 7 3/4
定价：21.00 元

《语言政策与语言教育》

主　办：上海外国语大学
承　办：中国外语战略研究中心
出　版：商务印书馆

顾问委员会（按姓氏音序排列）
曹德明　陈章太　戴庆厦　戴炜栋　[丹麦] R.菲利普森　冯增俊
[英] M.赫兹菲尔德　[美] N.洪伯格　李宇明　[美] T.里根
[加拿大] T.里森托　陆俭明　[澳] J.洛比昂科　[德] W.玛茨凯维茨
[英、约旦] Y.苏雷曼　[泰] 素威莱·布里姆诗丽拉特
[美] J.托勒夫森　文秋芳　[美] B.颜诺　游汝杰

主　编：赵蓉晖
副主编：沈　骑　[澳大利亚] 赵守辉
编辑部：宫同喜　武春野

编审委员会（按姓氏音序排列）
蔡基刚　蔡永良　[中国台湾] 陈超明　陈坚林　陈新仁　程晓堂　戴曼纯
范俊军　冯学锋　[中国香港] 高雪松　高一虹　郭龙生　郭　熙　何俊芳
何婷婷　侯　敏　胡范铸　黄少安　黄　行　黄忠廉　金基石　亢世勇
李国英　刘海涛　鲁子问　陆经生　梅德明　穆　雷　潘文国　束定芳
苏金智　苏新春　[瑞士、加拿大] 图尚　王　辉　王建勤　[中国香港] 王培光
王雪梅　王远新　魏　晖　[加拿大] 徐大明　徐　杰　许慈惠　杨尔弘
于锦恩　俞理明　战　菊　张建国　张日培　张维佳　张治国　赵红弢
赵世举　赵小兵　周洪波　[中国澳门] 周　荐　[美] 周明朗　周庆生

编辑部地址：上海市大连西路550号上海外国语大学5号楼612室
通讯地址：上海市大连西路550号338信箱　邮编：200083
联系电话：021 - 35373672　　电子信箱：lple2015@163.com
网址　http//：www.iol.shisu.edu.cn 或者 http//：www.rcfls.shisu.edu.cn

声明：本刊不以任何形式收取版面费。文责自负。

Language Policy & Language Education

Directed by Shanghai International Studies University
Edited by Research Center for Foreign Language Strategies
Published by the Commercial Press

Consultants (in alphabetical order)
Cao Deming, Chen Zhangtai, Dai Qingxia, Dai Weidong, R. Phillipson, Feng Zengjun, M. Herzfeld, N. Hornberger, Li Yuming, T. Reagon, T. Ricento, Lu Jianming, J. Lo Bianco, W. Mackiewicz, Y. Suleiman, Suwilai Premsrirat, J. Tollefson, Wen Qiufang, B. Jernudd, You Rujie

Editor-in Chief: Zhao Ronghui
Deputy Editors-in-chief: Shen Qi, Zhao Shouhui
Editors: Gong Tongxi, Wu Chunye

Editorial Board (in alphabetical order)
Cai Jigang, Cai Yongliang, Chen Chaoming, Chen Jianlin, Chen Xinren, Cheng Xiaotang, Dai Manchun, Fan Junjun, Feng Xuefeng, Gao Xuesong, Gao Yihong, Guo Longsheng, Guo Xi, He Junfang, He Tingting, Hou Min, Hu Fanzhu, Huang Shaoan, Huang Xing, Huang Zhonglian, Jin Jishi, Kang Shiyong, Li Guoying, Liu Haitao, Lu Ziwen, Lu Jingsheng, Mei Deming, Mu Lei, Pan Wenguo, Shu Dingfang, Su Jinzhi, Su Xinchun, F. Tochon, Wang Hui, Wang Jianqin, Wang Peiguang, Wang Xuemei, Wang Yuanxin, Wei Hui, Xu Daming, Xu Jie, Xu Cihui, Yang Erhong, Yu Jinen, Yu Liming, Zhan Ju, Zhang Jianguo, Zhang Ripei, Zhang Weijia, Zhang Zhiguo, Zhao Hongtao, Zhao Shiju, Zhao Xiaobing, Zhou Hongbo, Zhou Jian, Zhou Minglang, Zhou Qingsheng

Correspondence: Editorial Office of Research Center for Foreign Larguage Strategies
Adress: Box 338, Shanghai International Studies University, Shanghai 200083, P. R. China.
Tel: 021 - 35373672   **E-mail**: lple2015@163.com
Website: http://www.iol.shisu.edu.cn or http://www.rcfls.shisu.edu.cn

目 录

发刊辞 ··· 赵蓉晖　1
顾问致辞 ···　　　　　2
编委会成员致辞 ···　　　　　5

语言政策研究 （栏目主持人　赵守辉）

语言政策与规划的历史及理论视角
　　································· 托马斯·里森托 著　尚国文 译　14
分裂主义与语言问题 ··· 赵蓉晖　31

语言教育研究 （栏目主持人　沈 骑）

国家外语能力需求下的大学外语定位 ································· 蔡基刚　39
全球化背景下西班牙语言教育战略变革方略探析 ·················· 曹羽菲　50

语言生活调查 （栏目主持人　赵蓉晖）

语言国情调查的理论与方法问题 ······································ 戴庆厦　56
上海市语言文字应用能力及使用状况调查报告
　　·· 林元彪　张日培　孙晓先　71

学术信息与动态 （栏目主持人　武春野）

2013 年国际语言政策研究动态 ······································· 赵守辉　97
《杂语:实践与教学》述评 ·· 朱　波　柳芬　106
第三届国际语言教育政策研讨会综述 ································ 朱　晔　112
第九届中国社会语言学国际学术研讨会综述 ························ 刘宏宇　113
Abstracts of Papers ···　　　　　115

Contents

Foreword ·· Zhao Ronghui 1

Messages from the Consultants ··· 2

Messages from the Editorial Board Members ······························ 5

Language Policy Research

Historical and Theoretical Perspectives in Language Policy and Planning
··································· Thomas Ricento, trans. by Shang Guowen 14

Secessionism and Language Problems ·············· Zhao Ronghui 31

Language Education Research

The Orientation of College English Education in Light of National Requirement for
  Foreign Language Capacity ································ Cai Jigang 39

Spain's Language Education Strategy Adjustment in Globalization
··· Cao Yufei 50

Language Investigation

Language Survey: Theory and Method ··············· Dai Qingxia 56

An Analytical Summary of the Survey of Language Competence and
  Actualities of Shanghai Citizens
    ··························· Lin Yuanbiao, Zhang Ripei, and Sun Xiaoxian 71

发 刊 辞

赵蓉晖

近年来，语言政策研究逐步成为我国宏观语言学研究的一个重要领域，自此，语言研究基本上形成了从本体描述到应用规划、从微观教学到宏观战略、从技能教学到语言战略研究、从语言学理论到面向社会实践的多维度全方位研究格局，展示了中国语言学者既重学理又重现实应用的宽广视野。在这样一个格局中，语言政策与语言教育不仅构成了语言研究的纵横轴心，更是一个融合宏观战略和微观语言教学的崭新界面。近五十年的国外语言政策研究经验表明，正是语言教育和语言生活中的现实问题激发并推进研究者们深入课堂，走向社会，在实践中寻找、发现并解决语言政策和规划中遇到的重大问题，形成"问题——实践——政策"三位一体的研究范式。目前在国内渐成热点的语言政策研究，亟待从理论和实践方面揭示语言政策与语言教育之间的必然联系，在研究方法上与国际接轨，在理论构建上体现中国学派的特色。在当今转型之中国社会，这不仅具有开创学术新路之价值，更有咨政惠民之功效。

上海外国语大学素来重视语言基础和应用研究，近年来更积极探索语言研究的创新之路。2007年，上外在国家语委指导下成立中国外语战略研究中心（以下简称"中心"），倡导将语言政策与语言教育相融合的学术研究，密切关注社会语言生活现实，努力推进跨学科视角的语言研究；2011年，中心成为国家语委首家科研基地；2012年，上外在"外国语言文学"学科下设立二级学科"语言战略与语言政策学"，推出全国第一个语言政策专业（硕、博士）课程体系。中心团队出版的"外语战略研究丛书"、《语言战略动态》和自主研发的系列数据库等多种形式的成果，已进入中国语言政策研究与咨政方面的标志性成果之列。

为团结各方有识之士、进一步推动中国语言政策与语言教育研究的繁荣和发展、突显中国学派特色、搭建国内外学者的交流平台，中心推出以"语言政策与语言教育"为名的学术刊物。本刊将联合国内外研究力量，坚持高端学术定位，打造高品质的发表阵地，服务于学术发展和学术共同体的构建。

本刊提倡学术交流和争鸣，尊重学术诚信和创新，致力于为来自语言学和其他学科背景的研究者、研究生和从业者搭建学术交流平台，传播富有创新性和应用性的研究成果。衷心希望得到国内外同行的指导与支持，希望这本刊物能为我国语言政策和语言教育的发展贡献一分力量，也以此刊向国内外同行表达最真诚的敬意！

顾 问 致 辞

研究多国语言政策,服务国家语言战略,提高语言教育水平,沟通世界多元文化。愿《语言政策与语言教育》成为增强国民语言能力、提升我国国际话语权的大平台!

上海外国语大学　曹德明

语言政策和语言教育是关乎国家、民族、社会及个人发展的大事。当今,时代前进了,社会进步了,语言及语言生活变化发展了,我们的语言政策和语言教育也有待进一步完善和加强研究。作为语言研究者和语文工作者,欣闻《语言政策与语言教育》创刊,我们点赞,我们祝贺!祝愿这个新学刊立足中国语言国情,贯彻国家语言基本政策,加强语言教育科学研究,加强实践探索和理论创新,为增强国家语言实力、提升国民语言能力、构建和谐语言生活、传播中华优秀文化、促进语言规划学科发展做出重要贡献!

教育部语言文字应用研究所　陈章太

语言政策和语言教育是语言学研究的重要内容,具有重大的应用价值和理论意义。为此,要引起语言学家更多的重视,改变语言学界长期以来对它重视不足的状况。

中央民族大学　戴庆厦

热烈祝贺《语言政策和语言教育》成功推出创刊号!期待刊物能对接国家战略,服务社会需求,为语言政策和语言研究的纵深发展做出贡献。

上海外国语大学　戴炜栋

让语言之光照亮中华民族复兴之路!

中山大学　冯增俊

当前,有很多语言正在从世界上消失,很多年轻人不能熟练掌握他们的母语,语言学习和各个层面的语言政策之间的关系值得严肃认真地对待,因为这对于科学研究、交际能力的提升、更好地理解世界的丰富性和语言传统来说，都具有非常重要的意义，为此，我带着极大的热情欢迎《语言政策与语言教育》杂志的问世！

［美国］哈佛大学　迈克·赫兹菲尔德

我很荣幸地成为《语言政策与语言教育》的国际顾问，你们的刊物正逢其时——语言政策和语言教育之间复杂而又重要的关系正在世界范围内被人们所重视。近年来我与中国学者的对话与合作，包括我在上海外国语大学和复旦大学所做的教育语言学讲座都说明，中国的这类问题的确需要更多人去关注和研究。

［美国］宾夕法尼亚大学　南希·洪伯格

我相信，中国的语言政策与语言教育将是未来二十年世界关注的重点，希望这本刊物能够成为沟通中国与世界的桥梁。

［哈萨克斯坦］纳扎尔巴耶夫大学　提摩西·里根

我祝这份新的刊物取得巨大的成功！

［加拿大］卡尔加里大学　托马斯·里森托

上海外国语大学准备编辑、出版一份语言政策方面的刊物，已有很长时间，且也为学界所期盼。近日，编辑、出版工作终于准备就绪，《语言政策与语言教育》即将面世，学界又有了一方园地，一面旗帜。

语言政策已经成为许多国家乃至国际社会关注的重要的公共政策。中国语言生活十分复杂，需要制定科学的语言政策；国际社会语言问题也很多，需要逐渐达成国际共识。中国语言政策的研制与实施，能够为国际社会提供借鉴，为达成国际语言共识做出贡献。2014年6月，联合国教科文组织与中国政府共同召开了世界语言大会，会议所达成的《苏州共识》，便是中国贡献的一个案例。

语言政策的主要关注领域是教育，支撑语言政策的主要领域亦是教育。故而将语言政策与语言教育合而共论，是很有创意的，虽然语言教育只是教育的一个方面。

语言政策和语言教育，既是社会的实践活动，也是重要的学术研究领域。在《语言政策与语言教育》创刊之际，希望刊物的编者与作者既要有强烈的社会实践意识，关注当下语言生活中的问题，同时也要有强烈的学术探究意识，为建立语言规划学做出学科贡献！

北京语言大学　李宇明

欣闻《语言政策与语言教育》即将问世，谨在此致以最热烈的祝贺！我们正处于一个大数据、云计算、网络化、全球化、人类逐步走向太空的信息时代，这要求个人与国家都要具备更高、更多元的语言素养和语言能力。这既关系到个人的生存和前途，更关系到国家的发展与安全。《语言政策与语言教育》的创办与发行，无疑将对提高全民的语言意识、进一步革新语言教育、提升全民的语言素养与能力发挥很好的作用。我深信，《语言政策与语言教育》会办出特色，办出水平，出色完成自己所担负的使命。

北京大学　陆俭明

我很高兴接受刊物的邀请！亚洲是世界重要的一员，我希望这本新的刊物能够推动亚洲地区的语言政策与语言教育研究，同时也让世界更多地了解亚洲，特别是华语区的相关情况。

[英国] 剑桥大学　亚希尔·苏雷曼

中国的语言政策与语言规划是语言政策研究领域最缺乏研究的部分之一，因此我很高兴地看到，新创办的刊物《语言政策与语言教育》将填补这一空白，发表关于中国和华语地区语言政策的创造性成果。相信它在专注研究华语圈重要的语言政策问题的同时，不仅能提供一系列的案例研究，也能为语言政策与语言规划提供更有力的理论框架。此外，这本刊物的国际化视野也将使它能够为世界范围内关注语言问题的社会科学家提供更大的合作平台。

[美国] 华盛顿大学、香港大学　詹姆斯·托勒夫森

衷心祝贺《语言政策与语言教育》创刊！愿贵刊迅速成长，成为语言政策研究领域又一新高地！

北京外国语大学　文秋芳

很荣幸受邀担任这本刊物的顾问，它将填补你们所在地区在语言政策研究出版方面的空白，我很高兴能够为它出一份力！

[美国] 独立学者　比让·额诺

为语言规划献计献策，为语言强国添砖加瓦。

复旦大学　游汝杰

编委会成员致辞

《语言政策与语言教育》的创刊将推动我国外语教育真正按照国家外语能力的要求和国家的外语政策来发展,而不是关起门来按自身的要求来规划。

复旦大学　外国语言研究所　蔡基刚

我国语言规划与政策研究已有二十多年的历史,近五年来发展蓬勃,但不无遗憾的是,语言规划与政策学术杂志创立迟缓,早期的一些尝试由于多方面的原因而受阻搁浅。2014年,中国外语教育研究中心推出《语言政策与规划研究》,现已成功刊出两期,但仍显势单力薄。因此,《语言政策与语言教育》的创刊,无疑是我国语言政策与语言教育研究领域的一件盛事。它不仅与《语言政策与规划研究》构成南北呼应之势,而且纳入语言教育研究,为读者与作者提供一个广泛的研究和交流空间,有利于进一步推进我国的语言规划与政策研究。

一份高质量的学术刊物,不仅可以为作者提供一个发表成果的平台,让读者获得相关领域的资源信息,分享最新的学术观点和研究成果,更为重要的是,它能够凝聚研究力量、铸造学术团队、引领学科方向、推动领域发展。我国语言规划与政策研究蓬勃伊始,方兴未艾,值此"风口浪尖",《语言政策与语言教育》登场问世,肩负使命,鼎起大任。我们诚望并坚信,《语言政策与语言教育》能够与《语言政策与规划研究》及其他将会创立的语言规划与政策研究刊物一起,共同扛起这一历史重任,引领和推动我国语言规划与政策研究领域进一步科学健康地发展。

上海海事大学　外国语学院　蔡永良

语言政策和教育研究应以问题为导向,以大数据为基础,以对接国家战略为目标!愿《语言政策和语言教育》为这样的研究提供创造性的学术平台!

上海外国语大学　陈坚林

在当今时代,语言问题关乎安全与资源,语言政策与语言规划的重要性由此日益彰显。在新的国家安全观和语言资源观下,语言教育的定位与实施无疑需要语言政策方面的宏观导向。面向语言教育的语言政策研究将增添更加明确的学科意义和应用价值。期待新刊成为语言学花园中的又一朵奇葩!

南京大学　外国语学院　**陈新仁**

语言政策和语言教育都是关乎国家和民族的大事。在语言政策和语言教育研究方面,外语界同仁责无旁贷。我们一起努力吧!

北京师范大学　外国语言文学学院　**程晓堂**

欣闻《语言政策与语言教育》创刊,特此祝贺!学界新添交流园地,必将促进学科发展。

北京外国语大学　中国外语教育研究中心　**戴曼纯**

语言政策和语言教育立足于人民群众的语言生活。

暨南大学　文学院　**范俊军**

希望杂志成为吸引国内外语言政策研究者的发表平台,能够推动国内语言政策研究,将国内的相关研究推广到国际上去。

香港大学　教育学院　**高雪松**

喜闻《语言政策与语言教育》杂志创刊,特致贺词。衷心希望它能成为语言学期刊园地中的后起之秀,办出特色,团结和培养语言政策与语言教育研究人才,服务于国家教育和语言文字中心工作,服务于语言规划学科建设,服务于我国现实语言生活,切实为中国语言治理体系与治理能力的现代化贡献力量。

教育部语言文字应用研究所　**郭龙生**

《语言政策与语言教育》的创刊,对国家语言文字事业的发展具有重要意义。相信贵刊一定能够成为团结、联系语言文字工作者的平台,为中国语言文字事业做出自己的应有贡献。

暨南大学　海外华语研究中心　**郭　熙**

衷心祝贺《语言政策与语言教育》杂志创刊!贵刊的创办,提供了专门传播语言政策与语言教育研究成果的窗口、最新资讯学习与交流的平台,祝愿在未来的道路上，贵刊能办出特色、办出水平，不断扩大影响力，成为一流的精品期刊。

华中师范大学　国家语言资源监测与研究网络媒体中心　何婷婷

语言政策与语言教育，事关国家的稳定与民族的未来。祝愿这本新杂志能办出特色，为祖国的发展做出应有的贡献！

中国传媒大学　国家语言资源监测与研究有声媒体中心　侯　敏

语言政策不仅是语言学、教育学的重要问题，同时更是经济学、社会学乃至政治学的重要问题，亟待具有广阔的理论视野和深刻的社会关怀的研究。《语言政策与语言教育》的创刊为这一领域的专门讨论创造了一个极好的平台，特表热烈祝贺，并预卜辉煌成就！

华东师范大学、上海市语文学会　胡范铸

我国国民素质的提高有赖于国民教育，而国民教育的关键在于语言教育。然而，当前语言学和教育学对语言教育都不是非常关注，即如来信所言"语言政策与语言教育研究在国内得到的认可度仍然有限"。因此诚望贵刊通过语言政策与语言教育的跨学科创新研究，得到并提升学界和社会对语言教育重要性的关注度和认可度。

中国社会科学院　民族学与人类学研究所　黄　行

《语言政策与语言教育》的创刊非常有利于科学研究和学科发展；希望它能够成为经济学与语言学融合生长的园地，让语言经济学结出丰硕的果实。

山东大学　语言经济研究中心　黄少安

语言政策与教育研究，不妨兼顾国家与个体，基于微观见宏观，坚守本体重应用，注重解释抓解决，立足国内看国外，发掘历史望未来，走一条综合探索之路。

广东外语外贸大学　翻译学研究中心　黄忠廉

一个专业期刊的核心竞争力集中体现在办刊质量、学术视野、创新意识和品位特色等方面，质量、视野、意识等要素固然缺一不可，不过现阶段"特色"二字尤为值得关注。优势与特色密不可分，一个期刊只要拥有"独此一家别无分店"

的鲜明特色,就能在期刊界站稳脚跟,立于不败之地。本刊所追求的特色,如内容上"强调政策高度及理论视角、学科交叉性",形式上"追求沉稳深远丰满",并注重"发现人才与培养新秀",鼓励"小题大做、洞微烛隐、开掘深刻"等,特色定位与时俱进,体现了办刊者坚守学术品位、培育核心竞争力的深刻思考。只要持之以恒,坚持不懈,必将使刊物越办越好,办出特色,办出档次。祝愿《语言政策与语言教育》从打造能够引领学科进步的精品栏目入手,逐步做大做强,早日跻身于语言学名刊行列。

上海外国语大学　东方语学院　金基石

语言是文化的载体,文化是人与人心灵和情感沟通的桥梁,做好语言规划,搞好语言教育,用语言传承文化,构建美好生活。

鲁东大学　汉语辞书研究中心　亢世勇

祝贺《语言政策与语言教育》杂志创刊,大力提升我国语言政策和语言教育的科研水平,构建和谐的语言生活,提高全民语言素养。

北京师范大学　中国文字整理与规范研究中心　李国英

语言政策与语言教育具有密切的关系,教育不仅是施行政策的必要手段,也是调节政策的反馈环节。《语言政策与语言教育》将两者结合起来,可以让我们更好地了解人类对于语言演化的作用及语言在人类有意识干涉下的发展机理。祝《语言政策与语言教育》健康成长,成为国内外相关领域学者的良师益友!

浙江大学　外国语学院·语言行为模式研究中心　刘海涛

加强语言政策研究,促进治理话语转型。

华中师范大学　鲁子问

立足中国看世界,站在世界看中国。愿《语言政策与语言教育》以国家利益为己任,以问题研究为导向,服务国民教育,对接国家战略,促进国际交流。

上海外国语大学　梅德明

语言政策与教育研究在国内学术界正蓬勃兴起,呈现出盎然生机,这种局面亟须有一个引领全局的平台,让这股学术力量形成更加有序、更有影响力的表达,更好地服务国家文化战略、服务社会发展。《语言政策与语言教育》的创刊提供了这样一个高端平台。这是一份高起点、高标准的学术刊物,相信这份刊物有上海外国语大学中国外语战略研究中心的精心谋划与管理,一定能开创我国宏观语言学研究的新局面,推动学科的进一步形成与理论构建的深化。

广东外语外贸大学　高级翻译学院　穆　雷

言为心声,书为心画。语言之用,外交万邦,内达人心;文字之利,上承千古,下传后代。人藉之以异禽兽,国凭之以建文明,世赖之以开未来。语文政策,一发牵而全身动;语文教育,十年功而终生用。可不慎哉!谨祝《语言政策与语言教育》创刊!

华东师范大学　潘文国

祝贺《语言政策与语言教育》创刊! 国家通用语言文字、少数民族语言文字、汉语方言和外国语言文字和谐相处、功能互补,是我国国家语言发展战略的思想基础,也是实施语言教育的前提、提高语言教育质量的关键。

教育部语言文字应用研究所　苏金智

语言教育是人类最重要的教育之一。它抚育、引领、陪伴着人的终生成长,铸造、建构、维护着社会的健康发展,沟通、协调、促进着世界的和谐往来。《语言政策与语言教育》的创刊,将大大促进人们在这一领域理论与实践的自觉,更好地发挥出语言政策与语言教育的效力。自然,对贵刊的期待,也就是由衷而持续的。

厦门大学　国家语言资源监测与研究教育教材中心　苏新春

语言政策研究顶天立地,前景广阔,大有可为!《语言政策与语言教育》期刊生逢其时,勇于开拓,可喜可贺!

宁夏大学　国际教育学院　王　辉

语言学研究应该走出象牙之塔,关注社会现实问题,关注国家战略,服务社会需求。《语言政策与语言教育》的出版,定能肩负起这一使命。

北京语言大学　对外汉语研究中心　王建勤

语言政策一般都由国家政府机关来制订。《语言政策与语言教育》刊载语言政策的研究成果，正好供国家政府机关作参考之用，因而对国家必将有其贡献。

语言政策中，国家要安排好国内不同语言的关系，使不同的语言各安其位，进而让不同的语言族群和谐相处，达成国家统一和安定的目标。《中华人民共和国宪法》第五十二条就强调了国家的统一和民族的团结："中华人民共和国公民有维护国家统一和全国各民族团结的义务。"让我们在《语言政策与语言教育》的园地上努力耕耘，为国家的统一和安定尽力！

香港城市大学　中文、翻译及语言学系　王培光

语言教育受语言政策的影响。科学的语言政策及合理的语言规划，是语言教育得以健康发展的重要保障。

中国的语言教育涉及国家通用语、少数民族语言、汉语方言、外语教育。语言教育研究既包括单语教育，更涉及双语教育，以及如何协调各类双语教育比如汉语和少数民族语言双语教育、汉语和外语双语教育等的关系；既应当立足中国社会语言生活实践提出的现实问题，也应当在语言学、教育学、心理学、人类学、社会学等跨学科领域有独特的理论建树。

中国是多民族、多语言、多文字国家，少数民族语言教育尤其是少数民族语言和汉语双语教育、少数民族外语教育，是中国语言教育的重要组成部分。期望《语言政策与语言教育》能够在这一领域做出应有的贡献。

中央民族大学　少数民族语言文学系　王远新

祝贺《语言政策与语言教育》创刊！欣赏其问题导向、强调学术、兼具政策高度与理论视角、思辨与实证结合、发现人才与培养新秀的办刊特色！期待其茁壮成长！

教育部语言文字应用研究所　魏　晖

目前，语言进入规划时代，语言教育进入"去外语"时代。《语言政策与语言教育》创刊，恰逢其时，促进对新时代和新问题的研究。

南京大学　中国语言战略研究中心　徐大明

面对全球一体化进程所带来的多语种并存这一世界现实，不论国家、地区、

社会还是家庭、个人都必须做出痛苦的抉择,都应该审时度势、与时俱进地进行最佳语言拼盘和最优语言配套,将负面的语言包袱成功地转化为正面的语言资源,从而最大限度地扬长避短,适应时代需要,使社会语言能量和个人语言能力得到最优化配置和最大化释放。祝《语言政策与语言教育》对研究和实现这种最优组合发挥积极的影响,推动语言研究与应用不断发展!

澳门大学　人文学院　徐　杰

语言政策研究与语言教育的重要意义自不待言,上外人在这方面的探索与研究也已取得令人瞩目的成就。在《语言政策与语言教育》主编们的不懈努力下,今天该刊创刊实为水到渠成。真诚希望它能成为从事与该刊同名的专业性研究的学术交流平台。

上海外国语大学　日本文化经济学院　许慈惠

《语言政策与语言教育》为学术交流拓展了新渠道,祝愿她,为社会提供语言教育的导向服务,为国家的语言战略献计献策。

北京语言大学　国家语言资源监测与研究平面媒体中心　杨尔弘

刊物主办者将"语言政策"和"语言教育"放在一起,瞄准了语言政策颁行的重心,因为教育是落实语言规划的主阵地。相比那些捡到篮子就是菜的做法,无疑将大大有助于提高办刊的效率和效益。

在当前学界将语言规划目的不适当宏大化、官方化人为拔高的趋势下,希望这本刊物加强语言政策微观和中观的研究,因为语言政策的颁行虽然与政治、经济、军事、宗教等宏观因素密切相关,但毕竟是"语言"的政策。宏观性的东西可以谈,但缺少了中观、微观的分析和设计,任何语言政策的落实都很有可能会降低乃至失去可操作性。

国外语言规划大家的理论应该大力引进,但我们国内业界翘楚的成果也需要认真研究。最近看有关语言规划的文献综述,其中大谈国外的进展和成就,但对我们国内黎锦熙、周有光等业内大家的理论和贡献却很少提及甚至一无所知。在此反用周有光先生的话"重中而不轻外"为"重外而不轻中",与各位同仁共勉。

南京信息工程大学　语言文化学院　于锦恩

任何教育,包括外语教育,离不开理论、研究、政策和实践这四个环节。教育语言学理论认为,这四大环节是四位一体、密不可分的,而政策引领理论、实践和研究这三大环节。不从宏观层面全面把握语言教育,后果只能以偏概全,瞎子摸象。我们大学英语教学问题之所以这么多,这和过去相当长时间里忽视语言政策研究有关。《语言政策与语言教育》,顾名思义,是一本关注语言政策和语言教育关系的学术性刊物,她的问世一定能促进我国外语教育,一定会得到我们外语界广大同仁的欢迎。

上海交通大学　　俞理明

服务国家,建言献策;汇聚成果于学,普及语言于民。

吉林大学　外国语学院　　战菊

聚焦语言政策和语言教育,促进学术交流,祝创刊成功!

北京大学　中国文字字体设计与研究中心　　张建国

《语言政策与语言教育》的问世是语言政策的学科形态逐步走向独立的又一标志。在语言与国家的关系被全面关注、多重解读的当下,在社会语言生活从未如此纷繁复杂的当下,在语言文字科学民主决策从未如此迫切的当下,"语言政策"应当以独立的姿态走进学术殿堂,也应当以国家情怀、社会担当走进语言生活。愿《语言政策与语言教育》不断为"语言政策"的学科建设添砖加瓦!

上海市教育科学研究院　国家语言文字政策研究中心　　张日培

外语政策与外语教育不仅事关国际贸易、科技进步,同时也与国家安全和变化中的全球地缘政治息息相关,是大国和平崛起、走向世界的重要战略。中国外语战略研究中心以语言政策研究为己任,汇聚了一群学养深厚、富有激情的专家学者,近年来产出了一批重要研究成果,正在形成对我国语言决策具有影响力的智库。《语言政策与语言教育》的出版发行,是中国语言规划、语言教育学界的大事。这一成果平台必将集全国专家学者的智慧,紧紧围绕新形势下语言政策与语言教育中存在的问题展开研究,以高质量的学术成果支撑国家语言战略。若实现此目标,中国外语战略研究中心定能成为具有重大影响力的国家智库。我坚信能做到。

北京语言大学　语言政策与标准研究所　　张维佳

从教师、学生等角度来说，中国的语言教育规模是世界第一，这么庞大的语言教育迫切需要更多的人来对语言政策，尤其是语言教育政策进行研究与评价。《语言政策与语言教育》杂志的诞生能为该领域的研究成果提供交流的平台，意义重大，我们欢迎她！

上海海事大学　语言政策和语言规划研究所　张治国

继往开来论语言之事，登高望远谋天下之福。

武汉大学　中国语情与社会发展研究中心　赵世举

《语言政策与语言教育》，把握学术命脉，拓展国际视野！

中央民族大学　国家语言资源监测与研究少数民族中心　赵小兵

无论是作为生物学的个体，还是作为社会学的群体，语言都是人极其重要的禀赋。生命本质上不是孤立的存在，因为生命要延续，就必须与外界交际交流。语言更是如此，它必须在集体互动中才有价值和意义。语言不是个人的，它是众人的资源，任何一个政府，任何一位管理者都必须善用之。语言是文化的一部分，涉及民族，涉及地缘政治，更时时牵涉人们的情感，政策性极强，要好好把握之。自然，语言也是开启大众心智的钥匙。语言教育是任何一个历史时期的任何一个政府都必须面对的重要任务。——寄语《语言政策与语言教育》创刊时

澳门理工学院　澳门语言文化研究中心　周　荐

前不久我应邀为七卷本《语言与教育百科大典》撰写大中华篇，对大中华地区的语言政策与语言教育略有思考。语言政策与语言教育上及民族国家建设、国家实力的发展，下至民生、人权和语言文化的多样性，涉及面广，关系错综复杂，确实需要集中力量深入研究。《语言政策与语言教育》填补了中国国内语言研究的一个空白，将为有志的学者提供一个交流平台，促进这个领域的研究。其研究成果应该会惠及国家、社区和个人。谢谢中国外语战略中心所做的开创性工作！

［美国］马里兰大学　语言学院　周明朗

不鸣则已，一鸣惊人！——恭祝《语言政策与语言教育》杂志创刊

中国社会科学研究院　民族学与人类学研究所　周庆生

语言政策与规划的历史及理论视角

得克萨斯大学圣安东尼奥校区　托马斯·里森托　著
浙江大学外语学院　尚国文　译

摘要： 本文考察二战末至今语言政策与规划作为一个研究领域的发展情况。根据对语言政策与规划的文献分析，有三种因素推动了该领域的形成，包括宏观社会政治、认识论以及策略因素。这些因素分别或共同影响语言政策与规划的问题设定、方法论及研究目标。语言政策与规划研究可分成三个历史时期：（1）去殖民化、结构主义与实用主义时期；（2）现代化失败、批判社会语言学与语言接触时期；（3）新世界秩序、后现代主义与语言人权时期。本文结论部分讨论当今研究趋势以及未来需深入考察的方面。

关键词： 认识论；社会批判理论；思想史；语言进化；语言规划；语言政策

引言

本文旨在探讨二战以来语言政策与规划（LPP）[①]作为一个研究领域的发展情况。为此，我将考察社会科学及人文学科中几个领域的重要进展情况。对于语言政策研究中的热门问题、方法、发现及争议来说，上述进展情况不仅贯穿其中，而且对这些现象的形成发挥了重要作用。

在对语言政策与规划文献的分析过程中，我发现有三种因素促成了该领域的成型（亦即影响到研究问题的设定、研究方法的采用及研究目标的确立），这些因素可归为三类：宏观社会政治因素、认识论因素以及策略因素。宏观社会政治因素指的是国家或超国家层面的事件和过程，如国家的形成或分裂、战争

---

[*] Thomas Ricento (2000). Historical and theoretical perspectives in language policy and planning. *Journal of Sociolinguistics*, 4(2): 196-213. 本刊已获得原文刊发机构的正式授权，可将其译为中文发表。

本文根据1998年3月在西雅图举行的美国应用语言学会年会上宣读的论文扩充修订而成的。感谢托夫·斯库特纳伯·康戈斯（Tove Skutnabb-Kangas）以及本刊（指原载刊物）编辑提出的宝贵意见及建议。文中所有观点及分析概由作者负责。

[①] 笔者特意把"语言政策"用作一个上位概念，将"语言规划"包含其中。语言政策研究不仅包括政府及其他机构实体官方或非官方的行为，也关注影响过并继续影响（语言使用、习得及地位方面的）社会态度和实践的历史文化事件或过程。更深入的讨论参见 Ricento & Hornberger, 1996。

(包括热战或冷战)、人口迁移、资本和通讯的全球化等。认识论因素是关于知识与研究的范式,如社会科学及人文领域中的结构主义和后现代主义、经济学与政治科学中的理性选择理论及新马克思主义理论。策略因素与开展研究的目的有关,指的是研究者进行某类研究的明确或隐性的缘由,比如揭示结构性社会经济不平等的来源,阐明特定语言政策的经济代价或利益,或者解释教育政策中施行特定语言的原因等。我不赞同研究跟策略意图毫不相干的观点,而是与齐布尔卡(Cibulka,1995:118)的观点一致,即"政策研究与政策争辩之间的界限非常细微①"。以上这些因素对于重建语言政策与规划的思想史具有启迪意义。与其他思想史的构建过程一样,人们对于某些范畴和时间线会持有异议,对于变量本身孰轻孰重也会有不同意见。很显然,在语言政策与规划的三个发展"阶段"中,这三种因素互相影响,研究的主题之间具有延续性。接下来,我将探讨二战后至今,语言政策与规划研究中所贯穿的一些显著的宏观政治、认识论及策略因素。文中所述事件或观点通常还有时间上更为久远的前导事件,有些甚至可追溯到几个世纪之前,这类关联我也会在行文中适时注明。在结论部分我会对未来可能的研究方向提出一些看法。需要说明的是,本文的讨论不求面面俱到,但求阐明事理。

1. 早期工作:去殖民化、结构主义与实用主义

语言政策与规划的第一阶段包括三个核心元素:(1)去殖民化与国家形成(宏观社会政治);(2)社会科学中结构主义一统天下(认识论);(3)一个至少在西方非常普遍的信念:语言问题可以通过规划(尤其是公共领域的规划)加以解决(策略)。

在数种因素的共同作用下,语言政策与规划作为一个学科领域在20世纪60年代初显露雏形。此前,世界许多地方的语言学家依靠其专长为土著语言编制语法、开发书写系统以及编写字典。本体规划(制定文字、规范化、现代化)从理论及实践方面为该领域提出了值得进一步研究的问题。受过结构语言学训练又对语言类型学及社会语言学(尤其是衍生出语言规划模型的场域和功能问题)感兴趣的学者意识到,以新的方式推进语言理论以及探索语言与社会的关系,具有巨大潜力。费什曼(Fishman)明确指出了这些可能性:

> 恰恰因为发展中国家正处于发展的初期……国家地位的问题和进程更

---

① 译者注:原文 research 和 argument 二词为斜体。

为明显,其转型也更容易受到研究者的关注。因此,那些对一般的群体身份转型、对语言相关行为及语言本身受到的社会(政府及其他)影响感兴趣的社会语言学者,逐渐对发展中国家(新生国家)产生了浓厚的兴趣(Fishman, 1968a: 6)。

费什曼认为,发展中国家为新生代社会语言学者提供了"不可或缺的、真正迷人的田野工作的场所"(Fishman, 1968a: 11)。

由于这些"新生国家"面临多方面的需求,早期研究多集中在语言规划的类型和方法上。这段时期特别有影响的成果当属豪根(Haugen, 1966)的语言规划模型及克劳斯(Kloss, 1976)的多语现象的类型。其他代表性的研究见费什曼、弗格森与达斯古普塔(Fishman, Ferguson & Das Gupta, 1968)及鲁宾与颜诺(Rubin & Jernudd, 1971)等著作。地位规划的焦点集中在为现代化及国家构建的目的所进行的民族语言选择。这里的一个共识(至少在西方社会语言学者中[①])是,欧洲的某个主要语言(通常为英语或法语)在正式和专门领域应用,而当地土著语言用于其他用途。这种解决方案(即采用稳定的双言)在根基稳固的非洲各国及其他地方很常见,因此有人认为非洲新生国家也应该尝试使用。在此时期,西方社会语言学者普遍接受的一种观点是,语言多样性是国家发展的障碍,而语言同质性与现代化、西方化紧密相关。费什曼(1968b: 61)以略带诘问的语气问道:语言(与其他文化)同质性达到一定程度就有助于西方的"西方化",这可能吗?粗略地说,民族化成功的公式包含了特定的地理边界(国家)范围内文化/种族的统一,以及政体中公民语言身份的趋同。此外,只有"已发展"的语言或者那些能够获得发展的语言适合发挥国语的功能。已发展的语言是书写语言,经过了规范化,并适应科技和社会进步的需求。换句话说,"一个国家一种(标准)国语"的理想化模型从19世纪20年代洪堡特(Humboldt)著作中(尤其是《论语言的民族特征》[*On the National Character of Languages*])普及开来并一直延续至今,贯穿在亚、非及中东地区脱离殖民的国家的语言规划实践之中。

总体来说,这种方法在使用者看来具有非政治性(至少并非狭义的党派意义)、技术性、以解决问题为导向、以实用为目的等特点。费什曼在评论新生国家(相对于具有伟大传统的古老的发展中国家)的语言规划目标时,提到"问题

---

① 本文的评审之一提到文献综述太偏重欧美的文献。这个批评是合理的,但又可作为一个证据证明,讨论发展中国家的问题时西方思维占主导。

相对更为直接"是人们普遍的看法：

> 种族支离破碎的新生国所面临的语言问题,反映了它相对来说更强调政治完整性及其当初所依赖的有效的民族主义。由于语言与技术和政治现代化之间的关系通常都非常明确,故语言选择是个相对短暂的问题。对于语言发展、编典、接受来说,只要这些进程来源于宗主国,且合乎情理,问题也是最小的。虽然有些人会关注由青少年的起始文化水平(或者过渡性文化水平)所引起的教学需求问题,扫盲工作与资源的绝大部分会用在传播当前政治与……社会文化融合过程所采纳的西方语言(Fishman,1968c:492)。

费什曼认为古老的发展中国家的语言问题与新生国有所不同,主要是因为古老国家具有文化传统,因此语言规划者的任务是把传统的标准语现代化,以"应付西方科技和规则,以及(通过简化)加快普及识字率,快速参与其中"(Fishman,1968c: 494)。如果国民都能讲同一种现代化的语言,那么统一(通过拥有一种国语)与经济发展这两个与西方科技、金融及技术息息相关的方面便更有可能实现。有趣的是,费什曼认为如果可能的话,全盘引进一门西方语言以加快现代化会更加有效,但是传统语言的现代化势必遭到传统和经典卫士的抗拒,因而不得不采取妥协的立场。一般认为,不符合这两个范畴的国家,即所谓的中间派(如印度与巴基斯坦),给规划者带来的挑战最大,因为采用本地的一种民族语言或者使用稳定的双语双方言模式好像都行不通。事实说明,后一种预测有一定效力。然而,三类国家的划分掩盖了有关国家发展的一系列信念与态度(尤其是发展满足西方经济利益的方式)以及发展中各语言的作用,这些在几十年内无法得到系统研究。虽然理论语言学家声称所有语言生来平等,但许多社会语言学者与政策分析家根据语言对国家发展的适用程度,设计了语言的分类(如 Kloss,1968),从而有意或无意地使得欧洲殖民语言在发展中国家的教育、经济、技术等高阶领域持续占据主导(若非统治)地位,这种状况一直持续至今。

总结来说,语言政策与规划研究早期的学术文献有如下几个特点(根据当今几部编著[尤其是 Fishman, Ferguson & Das Gupta, 1968 及 Rubin & Jernudd, 1971]、专著[如 Haugen, 1966 以及 Tollefson, 1991 和 Pennycook, 1994]等最近的批判性讨论而得出):

(1)语言规划的目标常与愿望有关,如统一的愿望(包括地区、民族、宗教团体、政治团体或其他团体的统一)、现代化的愿望、效率的愿望、民主化的愿望(Rubin, 1971: 307-310)。

(2)语言被视作一种具有价值的资源,因此需要规划(Jernudd & Das Gupta, 1971: 211)

(3)地位规划与本体规划被看作是或多或少具有独立性的活动,在意识形态上是中立的(虽然也有连带问题)。

(4)语言是从社会历史与生态语境中抽象出来的(非历史性与同步性)。

需要注意的是,许多活跃于此时期的语言政策与规划研究者(如鲁宾、颜诺、费什曼等)意识到语言规划固有的问题,因而时常对同时代的研究者提出批评。例如,颜诺与达斯古普塔(Jernudd & Das Gupta, 1971)同托利(Tauli, 1968)的理念相去甚远,后者不赞同现存语言以及形成规律的非理性,认为对语言规划的定义未考虑寻求普遍的语言手段,以达成"明晰、经济、形式美、灵活性"的结果(Tauli, 1968: 30-42,引自 Jernudd & Das Gupta, 1971: 199)。颜诺与达斯古普塔也批评豪根提出的语言决策三标准(即有效性、充分性与可接受性)理论(Haugen, 1966),认为他并未对这些术语做出明确的评判。不过,这些及类似批评的依据都是技术性的,并非实质性的、与实施和决策切实相关的批评,因而忽视了诸如语言选择、个体与群体身份、社会政治结构、不平等级等更为复杂却更为根本的问题。

2. 第二阶段:现代化失败、批判社会语言学与语言接触

语言政策与规划的第二阶段从 20 世纪 70 年代初开始,直至 80 年代后期。在此时段,第一阶段的一些主题得以延续,但也有一些重要的新进展。有人使用"新殖民"一词来刻画主导发展中国家的社会经济与政治结构。用罗斯托(Rostow, 1963)提出的现代化及国家发展阶段(20 世纪 70 年代曾奉为真理)中的术语来说,新独立的国家并非民主盛行、经济"腾飞",而是在某种程度上比殖民地时期更加依赖以前的殖民主。学者们认为人口的等级和层级区分是值得研究的主题;语言和文化在此过程中的作用获得深入考察(Phillipson, 1992; Said, 1993; Pennycook, 1994)。面对这一现实,几位语言规划者(特别是学者)做出了回应。例如,科巴鲁比亚斯(Cobarrubias, 1983b: 41)断言,"那些参与变革语言/语言变体之地位的人员(如语言规划者、语言政策制定者、教育工作者、立法人员等),他们所从事的一些任务从哲学上看并不是中立的"。费什曼以一种辩驳的口吻说,有些语言学者"仍把语言规划看作是不道德、不专业、抑或不可能的工作"(Fishman, 1983: 382)。学者们越来越意识到,语言规划的早期努力,包

括豪根(Haugen,1966)、弗格森(Ferguson,1966)提出的模型在内,单纯从描写着眼,是不充分的(见 Schiffman,1996 的回顾分析)。实际上,豪根承认,他所提出的原始模型即使修订之后也"算不上语言规划的理论"(转引自 Cobarrubias,1983a: 5)。很多因素促使人们重新考虑该领域究竟身处何处,又将走向何方。发展中国家现代化政策的失败便是很明显的因素之一,虽然托勒夫森曾提到,这些失败很可能保护并维持了占主导地位的经济利益(Tollefson,1991: 28 – 29)。语言规划理论被看作是资源管理的一个分支,对于具有长期且复杂殖民历史的国家来说,由于任务的繁杂性、所涉变量为数众多且具不可控性、评估政策有效性的难度,以及社会设计事实上的不可能性等,它是注定要失败的(Kaplan & Baldauf,1997 曾论及这一点)。

  语言学及相关社会科学从 20 世纪 60 年代起取得进展并在 80 年代受到广泛关注,这对语言政策与规划研究的学术思考及问题设定产生了影响。其中一个重要进展是对自主语言学作为语言习得、使用和演变研究范式的可行性所进行的持续性的挑战,这与形成过程中的语言政策与规划模型直接相关。一些曾广为接受的概念如"母语使用者"、"母语"、"语言能力"等受到质疑,被问题化(Fasold,1992),甚至遭受抛弃(如 Paikeday[1985]的《讲母语者已死》)。这些对于语言政策与规划研究具有重要的启示。"语言"的概念在标准语法中界定为一个离散、有限的实体,这在许多学者看来是受到实证语言学方法和价值观的影响(如 Harris,1981;Le Page,1985;Sankoff,1988;Mühlhäusler,1990,1996;Fettes,1997)。语言政策研究中引进西方的"语言"概念,使得一系列态度得以长期保留,成为意识形态(Pennycook,1994)。甚至"双言"这个看起来属于中性的社会语言学概念也受到批评(Woolard & Scgieffelin,1994: 69),被认为是"社会语言安排的思想归化",从而使语言(以及社会)不平等固化。潘尼库克(Pennycook,1994: 69)认为,语言"存在于社会行动之中,我们欲称之为语言的东西,并非一个预设定的系统,而是社区的一种意志"。他指出,自主语言学虽然声称进行不偏不倚的描写,实际上奉行可追溯至欧洲文艺复兴后的规定主义(Harris,1981),这体现了国家主义的政治心理,以及致力于规范学生语言行为的教育体制(引自 Pennycook,1994: 29)。穆豪斯勒(Mühlhäusler,1990,1996)曾谈及这种规定主义在巴布亚新几内亚等地扮演的角色,当地的"语言"概念(即一种语言结束另一种语言开始)与人类学家及语言学者提出的概念形成鲜明的对比(见 Siegel[1997]对 Mühlhäusler[1996]的批判性分析)。正如克劳利所言,"语言学家并非记录一种语言,而是协助建构语言"(Crowley,1990: 48)。

  与语言学批评相伴而来的是对语言规划研究方法以及发达与发展中国家的

语言政策所进行的更为广泛的批判分析(如 Hymes，1975，1996；Wolfson & Manes，1985；Tollefson，1986，1991；Luke，McHoul & Mey，1990 等)。早期的许多学者关注地位规划以及标准化、文字化、现代化等相关问题，但在第二阶段许多学者关注的则是语言接触的社会、经济及政治效应。例如，伍夫森与马内斯著作中的论文关注语言使用如何反映并在实际上影响社会、经济或政治等方面的不平等(Wolfson & Manes，1985: ix)。社会语言学者所研究的并非具有特定社会分工与功能的语言(认定某些语言比其他语言更适合发挥一些高级功能)，而是关注特定语境中言语社区的地位与相互关系。依此方法，社区态度与语言政策之间的联系被用来分析解释为何某语言具有或高或低的社会地位，以及这种地位对个体与社区产生的影响。简而言之，某语言的地位与功用以及在短期或长期的生命力与语言使用者的社会经济地位密切相关，而非使用者的数量或与现代化的适配性。稳定的双言作为推动国家发展与现代化的手段，其所谓的中立性受到质疑；选择当地语言发挥低阶功能之后，历史不平等性与冲突并未消失，而为欧洲语言设定高级功能往往会固化由教育导致的社会经济不对等，因为受教育的机会在内部受社会统治集团控制，而在外部受到区域与全球经济利益的影响。

我们可以把语言政策与规划在第二阶段的工作的特点归结为：人们越来越意识到规划理论与模型的负面作用及固有的局限性，社会语言学概念如双言、双语、多语现象等都是很复杂的概念，反映意识形态，不能简单地套用已有的描述分类。选择欧洲语言作为"中立媒介"辅助国家发展往往有利于宗主国的经济利益，而对于被边缘化的少数族群语言使用者的经济、社会与政治利益则具有消极影响。某些语言及变体在国家语言规划中获得事实上的优先地位，这会限制数以千计的土著语言及其使用者在国家构建/重建中的功能以及影响力。此外，语言选择不能通过改造来迎合现代性的"启蒙"模式；语言行为属于社会行为，受到语言使用者及言语社区态度和信念，以及宏观经济政治力量的促动和影响。

3. 第三阶段：新世界秩序、后现代主义、语言人权

语言政策研究的第三阶段大致是从 20 世纪 80 年代中期直至今天，由于仍处于形成阶段，因此其特点难以概括。不过，有几个重要主题和问题已在文献中确立起来。

这段时期主要的全球性事件包括人口大迁移、国家的种族身份(与语言)问题再现、恰逢此时的苏联解体及前殖民地的返还(如香港)，以及缔结新区域联盟(如欧盟)的对抗运动。在联盟中，本地和区域语言必须与(拿欧洲来说)英

语、法语、德语等跨国语言相竞争。与地理及政治变化相伴而来的是资本全球化的相关力量,如媒体受到少数跨国公司垄断(Said, 1993)。一些学者发现这种操控的集中化与文化的全球性扩散比殖民主义本身对于独立的威胁更大:

> 20世纪后期,新电子技术比殖民主义本身对独立所产生的威胁更大。我们开始领会到,去殖民化与超国家主义的发展并非帝国关系的终结,而不过是文艺复兴以来便一直编织的地缘政治网络的延伸。与以往的任何西方科技形式相比,新传媒能够渗透到"接收"文化主体的更深处。其结果可能是巨大的浩劫,激化当今发展中国家内部的社会矛盾(Smith, 1980: 176,转引自Said, 1993: 291-292)。

苏联的分权、东欧和西欧国家及超国家身份的演化、西方特别是北美文化与技术在发展中国家的渗透等,这些发展对于大大小小语言的地位(某些情况下,其存活能力)带来不利后果。语言政策与规划中受到特别关注的一个领域是语言消失,尤其是所谓"小"语种的消失问题(Hale et al., 1992; Krauss, 1992)。据估计当今有6 000种语言在用,其中有100种语言的使用者占世界总人口的95%,而其余的数千种语言的使用者只占总人口的5%(引自Mühlhäusler, 1996: 272)。在阿拉斯加及苏联北部,50种土著语言中约有45种(90%)处于濒绝状态。在澳洲,仍在使用的原住民语言中有90%濒临消亡(Krauss, 1992: 5)。在美国,克劳斯报道称,在现存的155种北美原住民语言中,在包括儿童一代在内的各代都有使用者的语言只有20种(占13%)(Krauss, 1998: 11)。语言维持的拥护者把文化/语言的多样性与生物多样性相提并论,认为"文化的多样性可能会加强生物的多样性,反之亦然"(Harmon, 1996; Maffi, 1996)。这种论调的批评者认为多数语言(及动植物的种类)存在过,但如今已灭绝;简言之,批评者声称文化(包括语言)的演变是个"自然的"人类现象,受到接触、征服、疾病、科技发展等的影响。赖福吉(Ladefoged, 1992: 810)认为,"语言学者具有家长式作风,总以为他们知道什么对社区最好"(见多利安[Dorian, 1993]针对赖福吉的观点提出的反驳)。然而,对于"生物/语言多样性的好处"与"语言消失的自然性",许多批评学者和后现代理论家认为,两种观点基于不同的理由,都把问题简单化了。如批评学者罗伯特-菲利普森考察了世界范围内帝国语言的施行与土著语言及文化的命运之间的联系。菲利普森(Phillipson, 1997: 239)提出"语言帝国主义"一语来概括"北/南不对等关系总体结构中众多的活动、意识形态及结构性关系,这里语言与文化、经济、政治等其他维度紧密相关"。在他的分析中，语言成为放大群体间权力与资源分工不平等的一种载体和手段（语言歧视主义［linguicism］一词由斯库特纳伯·康戈斯［Skutnabb-Kangas，1986］首创），而不讲现代化语言（即英语）的前英美殖民地国家，其社会和经济发展就会受到阻碍。此进程的后果之一就是数以千计的土著语言被边缘化，并最终消亡。除通过结构性的经济和意识形态手段，造成语言间接的边缘化之外，更多的是采用直接手段通过立法在教育和公共生活中压制某些语言（如加泰罗尼亚语、库尔德语、美国印第安人语言等）。在他的分析中，语言歧视主义和语言消失的"疗法"是进行积极的政治和道义响应，尤其是国家和国际机构把语言人权作为普遍原则加以推行和接受。虽然现有的几个宪章和文件保障文化社会权利，菲利普森认为，"现有的国际或'普世'宣言为被统治语言所提供的支持远远不够"（Philipson，1992：95）。对菲利普森著作的批评来自两个方面：有些人认为他的模型缺乏实证证据（如 Conrad，1996；Davies，1996），也有一些人（大多赞同菲氏的许多观点）认为其理论的假设和结论太绝对、僵化。这些学者通常利用后现代的理论方法，对诸如印度、马来西亚与新加坡（Pennycook，1994）以及斯里兰卡的贾夫纳等地的事件和实践提出更加细腻、情境化和历史的描述。潘尼库克区分英语的"结构权势"与"话语效应"：后者揭示英语相关的意识形态如何强加给世界各地的语言使用者、被他们接受或利用（Pennycook，2000）。这里语言政策与权力意识形态的关系非常复杂，为同样目的而采取的不同手段（如帝国利益集团的经济管控），可能会支持抑或限制土著语言，产生规划者无法预见的后果。卡纳伽拉雅使用话语分析方法为语言使用（语码选择和词汇）定位，以解释斯里兰卡贾夫纳地区边缘社区如何以微妙方式协商英语的思想潜势（Canagarajah，2000）。在此方法中，个体主体性（而非客观的意识形态驱力）成为分析的核心。

语言政策中意识形态[①]的作用也在更具体的场域中获得考察，如通过学校、工作场所、法庭等语境，或教育、口音识别、研究方法论等话题来考察。詹姆斯·托勒夫森（James Tollefson）受哈贝马斯、安东尼吉登、福柯等的社会批判理论的影响，考察了现代国家的权力意识形态与八个不同国家语言政策的发展之间的关系（Tollefson，1989，1991）。特伦斯·威利（Terrence Wiley）教授探讨美国的唯英语和标准英语意识形态，分析这些意识形态何以在20世纪（特别是公共教

[①] "意识形态"的复杂性在 Eagleton，1991 探讨过。本文所引用的研究中，它大体指的是"有关居主导地位的社会群体或阶层的权力的正当化"（Eagleton，1991：5）。伍拉德与席费林（Woolard & Schieffelin，1994）对"意识形态"和"语言"这两个术语在人类学、社会语言学及文化研究中的使用情况做过有益的梳理。

育的语言政策方面)获得霸权性质(Wiley,1996,1998)。其他研究意识形态与语言政策在教育中的关联的著作还包括 Giroux(1981)、Tollefson(1986,1991,1995)、Crawford(1989,1992)、Luke, McHoul and Mey(1990)、Darder(1991)、Cummins(1994)、Freeman(1996)、Ricento(1998)等。里皮-格林(Lippi-Green,1997)探讨了美国的语言态度乃至语言政策所体现的意识形态,以及这些(通常是非官方的)政策在教育系统、媒体、工作场所、司法系统等领域对边缘化群体产生的负面作用。穆尔(Moore,1996:485)详细分析了澳大利亚的两个国家语言政策("全国语言政策1987"以及"澳大利亚语言与识字政策1991"),认为需要"揭示语言政策描述者(包括学术和决策领域)的兴趣点,因为我们作为学者的兴趣点不可避免地影响数据的选择和解读、描述中提及的论点以及分析的价值"。与之类似,里森托认为,对于美国公共教育中的双语教育政策的有效性问题,不同的利益团体根据其假设和期待所作出的评价各有不同,但教育政策背后近乎一致的目标(即对非英语使用者进行文化和语言的同化)反映出语言意识形态和美国身份已具霸权性,尤其是在1914—1924的美国化运动之后(Ricento,1998)。

在本节提及的所有研究中,批判与后现代的理论及研究方法所发挥的影响是很明显的。这与此前语言政策与规划文献中的模型及理论有明显的差别。在第一阶段的语言政策与规划研究中,学者们(如费什曼)虽然意识到霸权和意识形态的问题,但并未把这些思想作为语言规划与政策分析的核心,也没有探讨语言政策如何任意性地关注人类社会组织中的语言(Tollefson,1991:2)。费什曼在回应这些批评时承认,语言规划往往会再生产出社会文化和经济技术的不平等,语言规划通常与西方化和现代化的过程相关联(Fishman,1994:93)。然而,语言规划虽可用来为恶,但我们也不能无视语言规划可以且经常用来为善(Fishman,1994:94)。他把语言规划的理论与实施区分开来,认为对语言规划的具体批评来源于后结构主义及新马克思主义对经济、文化和意识形态的分析,这些批评并未充分区分语言规划理论与语言规划实践。他补充道,语言规划的实践很少真正受到语言规划政策的指引。传统语言规划的批评者如托勒夫森(Tollefson,1991)反对把语言规划(显性或隐性地)描述成中立、通常有益、能解决问题的活动;而后结构主义和新马克思主义批评家恰恰将此看作意识形态,这就很容易形成霸权。

总之,批判理论的元素与语言生态方法相结合,形成了一种新的研究范式。正如菲利普森与斯库特纳伯·康戈斯所言,"语言生态范式涉及建立世界语言的多样性,推行多语以及外语学习,给予所有语言的使用者语言人权"

(Phillipson & Skutnabb-Kangas,1996:429)。宏观社会政治力量,包括语言帝国主义所宣称的效果、策略因素(维护与复兴受威胁的语言与文化)很明显影响到(若非决定)所收集数据的种类、数据分析以及用此范式的研究者所提出的政策建议。如果20世纪五六十年代的语言政策与规划的专家由于其支持发展中国家的西方化与现代化计划时,曾幼稚(或言不由衷)地声称政治上中立而招致批评,那么20世纪八九十年代语言人权的支持者则容易因为他们"现代普遍主义"的梦想,而被指责为乌托邦式的信念。语言生态/语言权利批判者关注的另一个方面是用政治科学辞藻所进行的语言地位的讨论。例如,康拉德(Conrad,1996:19)认为民族主义、帝国主义、经济实力、意识形态竞争等相互矛盾的概念所构成的理论是研究人类政治本质的产物。康拉德感到困惑的是,这些理论在试图根植于社科的语言学中越来越大行其道,接触研究变成冲突语言的理论、统治研究以及菲利普森所称的"语言歧视主义"(Phillipson,1992)的研究。如海姆斯所言,"假如世界上没有政治统治或社会分层,语言不平等依然会存在"(Hymes,1985:vii)。海姆斯还说道:

> 分配和层级结构是内在的。很多人甚至包括我们自己对一些现有安排的投入也不能低估。要朝更平等方向进行有效转变,态度的转变或者去除外在统治仅仅是一部分,很多情况下离不开社会制度的转变(Hymes,1985:vii)。

这里需要注意的是,社会科学在过去一百年的重要发展很大程度上受到变革社会制度、现有社会政策和实践的合法化或抵制人性中的霸权思想等愿望的促动。语言生态/语言权利批评者试图把语言"科学"从政治"科学"中分离出来,这让人回想起19世纪末20世纪初人们试图把生物"科学"从文化研究的进展中分离出来,而后又试图成立人类"科学"。卡尔·代格勒(Carl Degler)在解释弗朗兹·博阿斯(Franz Boas)的文化概念及为何反对人类行为的种族解读时,令人信服地证明,"……博阿斯并非公正、科学地考察争议问题之后确立此立场,其观点来自他的思想信念。这些信念始于其早期生活及欧洲的学术经历,并在美国得以延续,形成了他的专业观念。毫无疑问,他对收集证据并提出论点反驳种族主义的意识形态观深感兴趣,认为种族主义会限制个体,对社会不利"(Degler,1991:82)。西奥多·魏茨(Theodor Waitz)发表首部著作——1858年《论人种的统一与人类的自然条件》(*On the unity of the human species and the natural condition of man*[六卷本第1卷]),提出所有的人无论肤色黑白,文化成就高低,其自由的权利是生来平等的,此后文化阐释又经过了五十多年才能抗衡并最终超越(至少在学术文献中)社会达尔文主义对社会差别的解释。我们今天来回顾,达尔文和博阿斯的假设、方法及结论虽然有瑕疵也不完整,但做了重要的开创;虽然在其他领域中经常被误解误用,但反映了他们的时代及个人历史,并引领了全新领域(即进化生物学及人类学)的研究。对于社会语言学中关于社会进化的新研究范式来说,在解释语言行为时既阐释其社会和认知的相关性,也阐释政治和经济维度,此范式很可能也需要同样长的时间去发展。

结语

研究领域很少不受宏观社会政治力量的影响。而语言政策与规划作为涵盖语言学、政治科学、社会学以及历史等核心学科的多学科、跨学科的领域,尤其容易受到这些力量的影响。社会批判理论的发展,连同兴起于20世纪60年代的自主性结构语言学的持续攻击,至少一部分是在更大的社会政治力量和过程中展开的(如国家构建与国家主义,西方主导的资本、科技与通讯的全球化,对边缘化语言和文化的持续性威胁,帝国的瓦解及许多国家"现代化"的失败,社会经济不平等与不公平的延续,等等)。后现代理论(特别是话语分析)的重要著作已经表明,物质因素与文化因素相互关联,推动语言政策与规划领域突破自创立以来一直占主导地位的分类法与二元论[①]。语言生态与人权方面的重要工作使得研究重心在过去十年中发生了根本性转变。很明显,对于活跃于该领域的学者来说,社会中的语言以及政策研究的进展已经渗入到其思维中。即使语言保存或语言权利还不是关注的焦点,有一些研究如关于教育部门、以经济发展为目的的更广泛的沟通语言以及土著或土著化语言的本体规划的研究已对此予以关注(如 Kaplan & Baldauf, 1999)。当然,前沿研究中有很多讨论语言规划的局限(如 Moore, 1996; Schiffman, 1996; Burnaby & Ricento, 1998; Fettes, 1998),也有不少讨论语言规划对推动社会变革的承诺(如 Freeman, 1996; Hornberger, 1998; McCarty & Zepeda, 1998)。语言生态范式是否会成为语言政策与规划研究中最重要的概念框架尚未可知。比较清楚的是,语言政策与规划作为社会语言学的一个分支领域,必须处理语言行为与身份的问题,也必须响应话语分析、民族志以及社会批判理论的进展。看来把旧式的实证/技术方法与新式的批判/后现代方法区分开来的关键变量是主体性,即个体和集体在语言使用、语言态度

---

① 见希夫曼(Schiffman, 1996: 26 – 54)对多语类型与语言政策的批判性综述。霍恩伯格(Hornberger, 1994)提出一个框架,融合了30年来语言规划的研究成果。

及最终的政策等过程中的作用。最为重要的问题是,为什么社会个体会选择使用或停用某些语言和变体,以在不同场域发挥功能,而那些选择又如何影响(或受制于)机构语言政策的决策(包括当地、全国和跨国范围的决策)?这个问题尚未回答,需要研究者加以解决。其启示意义在于,微观的研究(语言层面的社会语言学)需要与宏观的考察(社会层面的社会语言学)结合起来,从而为语言行为(包括语言演变)提供更为完整的解释。与四十年前相比,我们如今对特定语境中语言使用的规律以及宏观社会政治力量对语言地位和使用在社会层面的影响已经有了更清楚的认识。现在需要的是一个概念框架(语言生态或其他)把二者联结起来。创立这样的框架会引领我们进入语言政策和规划研究和认识的(尚未命名的)新阶段。

参考文献:

1. Burnaby, Barbara and Thomas Ricento. 1998. Conclusion: Myths and Realities [A]. In Thomas Ricento and Barbara Burnaby (eds.). *Language and Politics in the United States and Canada: Myths and Realities*. Mahwah, New Jersey: Lawrence Erlbaum. 331 – 343.
2. Canagarajah, Suresh. 1999. *Resisting English Imperialism in English Teaching* [M]. Oxford: Oxford University Press.
3. Canagarajah, Suresh. 2000. Negotiating Ideologies through English: Strategies form the Periphery. In Thomas Ricento (ed.) Ideology, Politicys and Larguage Policies. Amsterdam/Philadelphia: John Benjamins.
4. Cibulka, James. 1995. Policy analysis and the study of the politics of education. In Jay D. Scribner and Donald H. Layton (eds.) *The Study of Educational Politics*. Washington, D. C.: The Falmer Press. 105 – 125.
5. Cobarrubias, Juan. 1983a. Language planning: The state of the art. In Juan Cobarrubias and Joshua A. Fishman (eds.) *Progress in Language Planning: International Perspectives*. Berlin: Mouton. 3 – 26.
6. Cobarrubias, Juan. 1983b. Ethical issues in status planning. In Juan Cobarrubias and Joshua A. Fishman (eds.). *Progress in Language Planning: International Perspectives*. Berlin: Mouton. 41 – 85.
7. Conrad, Andrew. 1996. The international role of English: The state of the discussion. In Joshua A. Fishman, Andrew Conrad and Alma Rubal-Lopez (eds.) *Post-imperial English: Status Change in Former British and American Colonies, 1940 – 1990*. Berlin: Mouton de Gruyter. 13 – 36.
8. Crawford, James. 1989. *Bilingual Education: History, Politics, Theory, and Practice*. Trenton, New Jersey: Crane Publishing Co, Inc.
9. Crawford, James. 1992. *Hold Your Tongue: Bilingualism and the Politics of "English Only."* Reading, Massachusetts: Addison-Wesley.
10. Crowley, Tony. 1990. That obscure object of desire: A science of language. In John E. Joseph and Talbot J. Taylor (eds.). *Ideologies of Language*. London: Routledge. 27 – 50.

11. Cummins, Jim. 1994. The discourse of disinformation: The debate on bilingual education and language rights in the United States [A]. In Robert Phillipson and Tove Skutnabb-Kangas (eds.). *Linguistic Human Rights: Overcoming Linguistic Discrimination*. Berlin: Mouton de Gruyter. 159 – 177.
12. Darder, Antonio. 1991. *Culture and Power in the Classroom* [M]. Westport, Connecticut: Bergin and Garvey.
13. Davies, Alan. 1996. Ironising the myth of linguicism. *Journal of Multilingual and Multicultural Development* 17: 485 – 496.
14. Degler, Carl. 1991. *In Search of Human Nature: The Decline and Revival of Darwinism in American Social Thought* [M]. New York: Oxford University Press.
15. Dorian, Nancy. 1993. A response to Ladefoged's other view of endangered languages. *Language* 69: 575 – 579.
16. Eagleton, Terry. 1991. *Ideology: An Introduction* [M]. London: Verso.
17. Fasold, Ralph. 1992. Vernacular-language education reconsidered [A]. In Kingsley Bolton and Helen Kwok (eds.). *Sociolinguistics Today: International Perspectives*. London: Routledge. 281 – 299.
18. Ferguson, Charles A. 1966. National sociolinguistic profile formulas [A]. In William O. Bright (ed.). *Socio-linguistics. Proceedings of the UCLA Sociolinguistics Conference, 1964*. The Hague and Paris: Mouton. 309 – 315.
19. Fettes, Mark. 1997. Stabilizing what? An ecological approach to language renewal. Paper presented to the Fourth Stabilizing Indigenous Languages Symposium, Flagstaff, Arizona [OL], http://infoweb.magi.com/mfettes/SIL.html.
20. Fettes, Mark. 1998. Life on the edge: Canada's Aboriginal languages under official bilingualism [A]. In Thomas Ricento and Barbara Burnaby (eds.). *Language and Politics in the United States and Canada: Myths and Realities*. Mahwah, New Jersey: Lawrence Erlbaum. 117 – 149.
21. Fishman, Joshua A. 1968a. Sociolinguistics and the language problems of the developing countries [A]. In Joshua A. Fishman, Charles A. Ferguson and Jyotirindra Das Gupta (eds.). *Language Problems of Developing Nations*. New York: John Wiley and Sons. 3 – 16.
22. Fishman, Joshua A. 1968b. Some contrasts between linguistically homogeneous and linguistically heterogeneous polities [A]. In Joshua A, Fishman, Charles A. Ferguson and Jyotirindra Das Gupta (eds.). *Language Problems of Developing Nations*. New York: John Wiley and Sons. 53 – 68.
23. Fishman, Joshua A. 1968c. Language problems and types of political and sociocultural integration: A conceptual postscript [A]. In Joshua A. Fishman. Charles A. Ferguson and Jyotirindra Das Gupta (eds.). *Language Problems of Developing Nations*. New York: John Wiley and Sons. 491 – 498.
24. Fishman, Joshua A. 1983. Progress in language planning: A few concluding sentiments [A]. In Juan Cobarrubias and Joshua A. Fishman (eds.). *Progress in Language Planning: International Perspectives*. Berlin: Mouton. 381 – 383.
25. Fishman, Joshua A. 1994. Critiques of language planning: A minority languages perspective. *Journal of Multilingual and Multicultural Development* 15: 91 – 99.

26. Fishman, Joshua, Charles A. Ferguson and Jyotirindra Das Gupta (eds.). 1968. *Language Problems of Developing Nations*. New York: John Wiley and Sons.
27. Freeman, Rebecca D. 1996. *Dual-language planning at Oyster Bilingual School: "It's much more than language."* TESOL Quarterly 30: 557–582.
28. Giroux, Henry. 1981. Ideology, Culture, and the Process of Schooling [M]. Philadelphia: Temple University Press.
29. Hale, Ken, Michael Krauss, Lucille J. Watahomigie, Akira Y. Yamamoto, Colette Craig, Laverne Masayesva Jeanne and Nora C. England. 1992. Endangered languages. *Language* 68: 1–42.
30. Harmon, David. 1996. Losing species, losing languages: Connections between biological and linguistic diversity. *Southwest Journal of Linguistics* 15: 89–108.
31. Harris, Roy. 1981. *The Language Myth*. London: Duckworth.
32. Haugen, Einar. 1966. *Language Conflict and Language Planning: The Case of Modern Norwegian* [M]. Cambridge, Massachusetts: Harvard University Press.
33. Hornberger, Nancy. 1994. Literacy and language planning. *Language and Education* 8: 75–86.
34. Hornberger, Nancy. 1998. Language policy, language education. language rights: Indigenous, immigrant, and international perspectives. *Language in Society* 27: 439–458.
35. Hymes, Dell. 1985. Preface [A]. In Nessa Wolfson and Joan Manes (ed.). *Language of Inequality*. Berlin: Mouton. v–viii.
36. Hymes, Dell. 1996 [1975]. Report from an underdeveloped country: Toward linguistic competence in the United States [A]. In Dell Hymes (ed.). *Ethnography, Linguistics, Narrative Inequality: Toward an Understanding of Voice*. London: Taylor and Francis. 63–105.
37. Jernudd, Bjorn and Jyotirindra Das Gupta. 1971. Towards a theory of language planning [A]. In Joan Rubin and Bjorn Jernudd (eds.). *Can Language Be Planned? Socio-linguistic Theory and Practice for Developing Nations*. Hawaii: The University Press of Hawaii. 195–215.
38. Kaplan, Robert B. and Richard B. Baldauf. 1997. *Language Planning from Practice to Theory*. Clevedon: Multilingual Matters.
39. Kaplan, Robert B. and Richard B. Baldauf (eds.). 1999. *Language Planning in Malawi, Mozambique and the Philippines*. Clevedon: Multilingual Matters.
40. Kloss, Heinz. 1966. Types of multilingual communities: A discussion of ten variables. *Sociological Inquiry* 36: 7–17.
41. Kloss, Heinz. 1968. Notes concerning a language-nation typology [A]. In Joshua A. Fishman, Charles A. Ferguson and Jyotirindra Das Gupta (eds.). *Language Problems of Developing Nations*. New York: John Wiley and Sons. 69–86.
42. Krauss, Michael. 1992. The world's languages in crisis. *Language* 68: 4–10.
43. Krauss, Michael. 1998. The condition of Native North American languages: The need for realistic assessment and action. *International Journal of the Sociology of Language* 132: 9–21.
44. Ladefoged, Peter. 1992. Another view of endangered languages. *Language* 68: 809–811.
45. Le Page, R. 1985. Language standardization problems of Malaysia set in context. *Southeast Asian Journal of Social Science* 13: 29–39.

46. Lippi-Green, Rosina. 1997. *English with an Accent: Language, Ideology, and Discrimination in the United States* [M]. London: Routledge.
47. Luke, Allan, Alec McHoul and Jacob Mey. 1990. On the limits of language planning: Class, state and power [A]. In Richard Baldauf and Allan Luke (eds.). *Language Planning and Education in Australasia and the South Pacific*. Clevedon: Multilingual Matters. 25 – 44.
48. Maffi, Luisa. 1996. Position paper for the Interdisciplinary Working Conference "Endangered languages, endangered knowledge, endangered environments". Terra-lingua Discussion Paper 1. http://cougar.ucdavis.edulnas/terralin/home.html.
49. McCarty, Theresa and Ofelia Zepeda (eds.). 1998. *Indigenous Language Use and Change in the Americas* (International Journal of the Sociology of Language 132). Berlin/New York: Mouton de Gruyter.
50. Moore, Helen. 1996. Language Policies as Virtual Reality: Two Australian Examples [J]. *TESOL Quarterly* 30: 473 – 497.
51. Mühlhausler, Peter. 1990. "Reducing" Pacific Languages to Writings [J]. In John E. Joseph and Talbot J. Taylor (eds.). *Ideologies of Language* [M]. London: Routledge. 189 – 205.
52. Mühlhausler, Peter. 1996. *Linguistic Ecology: Language Change and Linguistic Imperialism in the Pacific Region* [M]. London: Routledge.
53. Paikeday, Thomas M. 1985. *The Native Speaker is Dead!* [M]. Toronto and New York: Paikeday Publishing Inc.
54. Pennycook, Alastair. 1994. *The Cultural Politics of English as an International Language* [M]. London: Longman.
55. Pennycook, Alastair. 2000. English, Politics, Ideology: from Colonial Celebration to Postcolonial Performativity [J]. In Thomas Ricento (ed.). *Ideology, Politics and Language Policies* [M]. Amsterdam/Philadelphia: John Benjamins.
56. Phillipson, Robert. 1992. *Linguistic Imperialism* [M]. Oxford: Oxford University Press.
57. Phillipson, Robert. 1997. Realities and Myths of Linguistic Imperialism [J]. *Journal of Multilingual and Multicultural Development* 18: 238 – 247.
58. Phillipson, Robert and Tove Skutnabb-Kangas. 1996. English-only Worldwide or Language Ecology? [J]. *TESOL Quarterly* 30: 429 – 452.
59. Ricento, Thomas. 1998. National Language Policy in the United States [J]. In Thomas Ricento and Barbara Burnaby (eds.). *Language and Politics in the United States and Canada: Myths and Realities* [M]. Mahwah, New Jersey: Lawrence Erlbaum. 85 – 112.
60. Ricento, Thomas and Nancy Hornberger. 1996. Unpeeling the Onion: Language Planning and Policy and the ELT Professional [J]. *TESOL Quarterly* 30: 401 – 427.
61. Rostow, Walter. 1963. *The Economics of Take-off into Sustained Growth* [M]. London: Macmillan; New York: St. Martins Press.
62. Rubin, Joan. 1971. A View towards the Future [J]. In Joan Rubin and Björn Jernudd (eds.). *Can Language Be Planned Sociolinguistic Theory and Practice for Developing Nations* [M]. Hawaii: The University Press of Hawaii. 307 – 310.
63. Rubin, Joan and Björn Jernudd (eds.). 1971. *Can Language Be Planned? — Sociolinguistic Theory and Practice for Developing Nations* [M]. Hawaii: The University Press of Hawaii.
64. Said, Edward. 1993. *Culture and Imperialism* [M]. New York: Vintage Books.

65. Sankoff, David. 1988. Sociolinguistics and syntactic variation. In F. J. Newmeyer (ed.) *Linguistics: The Cambridge Survey, Vol. IV: Language: The Socio-cultural Context* [J]. Cambridge: Cambridge University Press. 140-161.
66. Schiftman, Harold. 1996. *Linguistic Culture and Language Policy* [M]. London: Routledge.
67. Siegel, Jeff. 1997. Review of Peter Miihlhausler, Linguistic Ecology: Language Change and Linguistic Imperialism in the Pacific Region (1996) [J]. *Australian Journal of Linguistics* 17: 219-244.
68. Skutnabb-Kangas, Tove. 1986. Multilingualism and the Education of Minority Children [J]. In Robert Phillipson and Tove Skutnabb-Kangas (eds.). *Linguicism Rules in Education*, Parts 1-3. Roskilde: Roskilde University Centre, Institute VI. 42-72.
69. Smith, Anthony. 1980. *The Geopolitics of Information: How Western Culture Dominates the World* [M]. New York: Oxford University Press.
70. Tauli, Valter. 1968. *Introduction to a Theory of Language Planning (Acta Universitatis Upsaliensis: Studio Philogiae Scandinavicae Upsaliensia 6)* [M]. Uppsala: University of Uppsala.
71. Tollefson, James W. 1986. Language Policy and the Radical Left in the Philippines: The New People's Army and its Antecedents [J]. *Language Problems and Language Planning* 10: 177-189.
72. Tollefson, James W. 1989. *Alien Winds: The Reeducation of America's Indochinese Refugees* [M]. New York: Praeger.
73. Toltefson, James W. 1991. *Planning Language, Planning Inequality* [M]. New York: Longman.
74. Tollefson, James W. (ed.). 1995. *Power and Inequality in Language Education* [M]. Cambridge: Cambridge University Press.
75. Wiley, Terrence. 1996. English-only and Standard English Ideologies in the U.S. [J]. *TESOL Quarterly* 30: 511-535.
76. Wiley, Terrence. 1998. The Imposition of World War I Era English-only Policies and the Fate of German in North America [J]. In Thomas Ricento and Barbara Burnaby (eds.). *Language and Politics in the United States and Canada: Myths and Realities* [M]. Mahwah, New Jersey: Lawrence Erlbaum. 211-241.
77. Wolfson, Nessa and Joan Manes (eds.). 1985. *Language of Inequality* [M]. Berlin: Mouton.
78. Woolard, Kathryn A. and Bambi Schied'elin. 1994. *Language Ideology. Annual Review of Anthropology* [M]. 23: 55-82.

作者简介: 托马斯·里森托(Thomas Ricento),国际著名语言学者,现任加拿大卡尔加里大学教育学院教授,长期从事语言政策研究,代表作包括《语言政策导论:理论与方法》(Blackwell, 2006)、《意识形态、政治与语言政策:以英语为核心的研究》(John Benjamins, 2000)等。

译者简介: 尚国文,浙江大学外语学院副教授,研究兴趣包括语言政策、汉语语法等。电子信箱: rickshangs@gmail.com。

分裂主义与语言问题

上海外国语大学 赵蓉晖

摘要：语言作为人类最重要的交际工具和民族认同标志之一,与国家主权、领土完整、民族和谐息息相关。在严重影响国家安全的分裂主义活动中,语言与民族型分裂主义的关系最为密切。本文结合四个与语言高度相关的分裂主义活动案例,展现了语言与国家安全的关系,探讨其背后的理论依据、不同类型语言政策的政治哲学基础,并就此提出在我国的语言政策制定中应注意把握的几个关系。

关键词：语言与民族；分裂主义；语言政策；语言冲突

"语言与国家安全直接相关"是一个重要命题。这是和当今以综合国力竞争代替单纯的军事对抗、经济全球化等趋势联系在一起的,突显了语言的重要性。除了语言在获取信息、情报方面的直接使用价值以外,我们还可以从两个维度来解读这一命题：其一,语言关系国家的外部安全空间,这是和国家间关系、海外利益、国际话语权等直接相关的一个方面。一些国家致力于提升本国公民的外语能力,或者开展本国语言的海外传播、扩大本国文化的影响力,其目标正是维护和拓展国家的外部安全空间；其二,语言直接关系到国家的内部事务,如民族和谐、社会秩序的安定、领土主权的完整等问题,涉及主权国家的安全底线,与大多数国家相关。我们要讨论的分裂主义与语言问题,就属于第二个维度。

1. 关于分裂主义

分裂主义(又称"分离主义",secessionism)是当代国际政治中的一种普遍现象。按照政治学的定义,分裂主义是指"居住于主权国家的一部分领土上的某一群人单方面要求脱离现属国家,而谋求新的政治身份的政治诉求,其手段包括

---

* 本文是国家社会科学基金项目(项目编号：13BYY057)、教育部新世纪优秀人才支持计划(项目编号：NCET-13-0905)、国家语言文字"十二五"重大科研项目(项目编号：ZDA125-10)、国家语委重点项目(项目编号：ZDJ125-1)、教育部语言文字应用管理司委托项目"国外语言政策研究"、国家语委"十二五"科研规划项目(项目编号：YB125-57)的阶段性成果。

暴力恐怖甚至武装对抗行为"(杨恕,2008:5)。分裂主义的主体可能是国家内部按照民族、宗教、政治、文化等因素划分出的群体。其中,民族型分裂主义是当前分裂主义最重要、最常见的类型,也是与语言关系最密切的一种分裂主义,下文所说的分裂主义均指民族型分裂主义。

分裂主义一直是牵动世界神经的热点问题。伴随着第一次、第二次世界大战的结束,世界上先后出现了两次世界性民族主义浪潮,冷战结束前后,第三次世界性民族主义浪潮爆发,波及面更广,影响更大。根据美国学者格尔(Gurr T. R.)的统计,仅在1985—1999年之间,世界上就有至少52个国家内部存在分裂主义问题(转引自杨恕,2008:8)。20世纪90年代以来的民族主义浪潮中,民族分裂主义甚嚣尘上,使苏联、南斯拉夫、捷克斯洛伐克、埃塞俄比亚、巴基斯坦、塞尔维亚、格鲁吉亚、苏丹等国相继发生了分裂,使众多国家面临分裂的威胁。这种分裂主义往往诉诸武力,引发激烈而血腥的冲突,甚至成为危害国家主权和人民生命财产安全的恐怖主义的根源,是国家安全利益的心腹大患。对多民族国家来说,遏制分裂主义的产生和蔓延,是维护国家安全的基本任务之一。

2. 分裂主义与语言问题:个案的考察

纵观近代以来的民族分裂主义可以发现,其背后几乎都有语言因素在起作用,这是和语言在民族分离和民族融合中发挥的重要作用分不开的。不妨考察几个实际的案例。

(1)巴基斯坦分裂——语言选择失误引发的后果

1947年诞生的巴基斯坦,是在英国殖民势力撤离南亚大陆时建立的一个新国家。和同期独立的印度一样,多民族、多语言的巴基斯坦面临着国家语言的选择问题。当时,该国有24种语言用于交际,主要语言有七种[①]。其中,除了英国殖民者留下的英语以外,主要由东巴基斯坦孟加拉族人使用的孟加拉语是全国使用人口最多的语言(它是56.4%国民的母语),乌尔都语是来自印度移民的语言,使用人口虽然分布广泛,但只有3.27%的人以之为母语(何俊芳、周庆生,2010:61)。

这个本可以采取双语政策的国家,却在以穆罕默德·阿里·真纳[②]为代表的政治领袖的坚持下,遵循"一个国家一种官方语言"的语言政策模式,希望将乌尔都语定为唯一的国家语言,这一提议引发了东巴基斯坦孟加拉人旨在捍卫

[①] 这七种语言是:孟加拉语、旁遮普语、巴丹语、信德语、乌尔都语、俾路支语和英语。
[②] 巴基斯坦国家缔造者、政治活动家。

孟加拉语地位的国语运动①(1952 年),引发了暴力对抗和流血冲突,进而波及国家的很多领域。1956 年,巴基斯坦政府虽然被迫宣布孟加拉语和乌尔都语同为国语,但却要求孟加拉语采用和乌尔都语一样的阿拉伯文字,实际上削弱了前者的地位,再次激化了语言矛盾。反对这一政策的人甚至打出了"孟加拉语的每一个字母都相当于一个孟加拉人的生命"这样的标语,足见矛盾程度之深,反抗决心之大。这一矛盾和其他政治、经济矛盾一起,终于导致了 1971 年东西巴基斯坦之间的战争,也使东巴基斯坦宣布独立,成为以孟加拉语为国语的独立国家。

(2) 巴斯克问题——民族自治与同化政策的角力场

西班牙是一个多民族国家,历史上曾有多个民族为民族独立动用武力,至今仍有巴斯克问题、加泰罗尼亚问题等困扰着西班牙乃至欧盟。其中的巴斯克问题甚至导致了恐怖激进组织埃塔(ETA)②的产生,成为威胁西班牙国家主权和社会稳定中的毒素。居住于西南欧的巴斯克人③在历史上始终保持了自己的独立性(包括语言),在成为西班牙的一部分之后也保留了较多的自治特权。但在 1936 年西班牙内战之后,佛朗哥政府取消了巴斯克地区的全部经济特权,毁坏了象征这一民族的格尔尼卡树,禁止巴斯克人拥有自己的文化和语言,关闭他们的学校、报纸、剧院,施行了强制同化政策,激化了民族矛盾。

巴斯克人称自己为 Euskaldunak(意为"说巴斯克语者")。巴斯克语极其独特,语法异常复杂,外人难以掌握。巴斯克语既有大量罗曼诸语的借词,又有不少古拉丁语成分,但印欧语借词却极少,是目前欧洲唯一不属于印欧语系的语言。这种语言赋予巴斯克人以一种特殊感,成为巴斯克人保持身份认同的重要纽带。"他们坚持民族语言,以逆反的心态对待西班牙语等外来语言。这种语言上的排他性,培养和发展了巴斯克人的民族情绪,使其难以与西班牙人友好相处"。(申怀义,2001)在民族分裂主义运动中,提高巴斯克语的地位,弱化西班牙语的影响成为主要诉求之一,巴斯克语影响力大的地方(如巴斯克自治区)也正是分裂主义活动最激烈的地方,而在纳瓦拉省等巴斯克语影响较弱的地区,分

---

① 这个运动起初要求将孟加拉语定为唯一国语,后来只要求使它成为巴基斯坦的国语之一。在 1952 年 2 月的一次冲突中,有五人受枪击而死,国际社会称他们是"人类有史以来第一次为语言牺牲的语言烈士"。(何俊芳、周庆生,2010: 67)

② "埃塔"是巴斯克语"巴斯克祖国与自由"的缩写,成立于 1959 年,原为佛朗哥时代西班牙北部巴斯克地区的地下组织,佛朗哥独裁统治结束以后,逐渐发展成为危害整个西班牙社会的、主张暴力的民族分裂主义恐怖组织。从 1968 年起,这个组织制造了一系列的恐怖活动(暗杀、绑架、投放汽车炸弹等)。(百度百科)

③ 巴斯克人主要居住在西班牙的巴斯克自治区(包括阿拉瓦、比斯开、吉普斯夸省)和纳瓦拉省,还有一小部分在法国(分布于拉布尔、苏里和纳瓦拉三省)。

裂主义活动就要弱得多。

西班牙政府应对巴斯克问题的各项举措中,包括了支持巴斯克语言文化复兴的计划。按照当今西班牙政府对巴斯克地区的自治政策,巴斯克地区的学校实行了西班牙—巴斯克语双语教学制度,巴斯克语享有与西班牙语平等的地位,巴斯克地区有自己的广播电台和两个电视频道(其中一个使用巴斯克语)。这些措施取得了比较好的效果,有效地遏制了分裂主义势力。

(3)魁北克问题——少数族裔维护语言文化认同的努力

魁北克是加拿大东部的一个省,居民多为法国人的后裔。新法兰西①在18世纪被征服以后,聚居在魁北克地区的法裔就一直像一叶孤舟漂浮在英裔的汪洋大海之中。众多事件使法裔在两百多年的时间里充满了自怜和严重的不安全感,他们害怕失去族群特性,抵抗英裔人口的融入,逐渐形成了以法语为中心的法裔文化、天主教占统治地位的宗教传统,捍卫法语也就成了他们维护族群认同的象征和手段。保持法语在魁北克的独特地位一直都是魁北克人政治生活和文化生活的中心议题。尽管英国政府1774年颁布的《魁北克法案》②、加拿大政府1969年制定的《官方语言法》、魁北克议会通过的《22号法案》和《101法案》③都给予法语以明确的法律地位,但仍未消除法裔加拿大人的顾虑。魁北克分离主义者捍卫法语的激情几乎到了偏激的地步,甚至不惜牺牲经济利益。

与其他分裂主义运动通常表现出的暴力性质不同,魁北克分裂主义运动一直以比较平和的政治斗争方式进行。虽然争取该地区独立的三次全民公投(1980、1995、2002)都没有成功,但其分裂活动始终没有停止,法语和英语的冲突也从未停止过,魁北克问题至今仍是加拿大政治和语言生活中挥之不去的阴影。

(4)"东突"分裂主义——超民族语言文化共同体的幻想

"东突"分裂主义势力指近代以来在我国新疆出现的以建立"东突厥斯坦国"为政治纲领的一股民族分裂势力(李琪,2004)。其文化观的思想源流主要有三个:突厥民族优越论、突厥文化共同体、突厥语言共同体。20世纪初,伊斯坦布尔成为"突厥学"的活动中心,曾出现过一场轰轰烈烈的"文化突厥主义"运动,其中就包括净化突厥语(清除突厥语中的阿拉伯语和波斯语借词)、蔑视其

---

① 法国在北美洲昔日的殖民地。

② 这是英国议会于1774年颁布的一条旨在加强加拿大魁北克省统治的法案,它实际上强化了在该地区使用法语的趋势,但没有明确阐述。

③ 这些法案都给予法语以明确的法律地位。加拿大《官方语言法》规定,英语和法语同为加拿大的官方语言,享有同等地位和平等的权利。魁北克省通过的《22号法案》即《魁北克官方语言法》(1974)规定法语是魁北克省的唯一官方语言,《101法案》又称《法语宪章》(1976),旨在全面提升法语地位,扩大其使用范围,进而把英法双语的魁北克变成法语的魁北克。

他民族语言文字等主张和行动。沙皇俄国泛突厥主义的代表人物玉素甫·阿克楚拉①提出:"突厥世界是个不可分割的整体,具有明确的文化联系(语言、历史和习俗)和实际纽带(血缘和种族)。"他从文化和血缘的角度把所有操突厥语的民族总称为"突厥民族",要"将所有操突厥语民族联合在土兰②的旗帜下,统一他们的语言文字及文化",取得"从北高加索到中国突厥斯坦所有突厥斯坦人思想、语言、文化的联合",形成一个超阶级、超民族、超国家的"突厥文化共同体"(李琪,2004:127-131)。借助"突厥语言共同体"编造历史、强调语言因素,是"东突"分裂主义势力文化观的重要组成部分,他们企图把讲突厥语的民族和不讲突厥语的民族截然分开,有意把语言等同于民族,大搞民族分裂活动和恐怖活动,对我国的边疆安全和社会稳定带来了威胁。

民族分裂主义是与语言关系最为密切的一种分裂主义。这里所举的案例都是不同地区的典型事例,其中有的与殖民政策的余害有关(如东巴基斯坦独立),有的与族群历史有关(如魁北克问题和巴斯克问题),还有的出自某些政治集团的精心策划(如"东突"分裂主义势力)。除此之外,世界上还有不少与语言密切相关的分裂主义活动,例如:法国科西嘉民族分离活动背后有科西嘉语人群对法语的抵制,北爱尔兰独立运动中人们以说爱尔兰语或者英语来体现自己的政治主张,俄罗斯车臣战争背后有车臣人对车臣语法律地位的诉求,斯里兰卡猛虎组织的背后是僧伽罗语族群和泰米尔语族群间的对抗,土耳其库尔德分离主义运动中经常有人提及库尔德语问题,印度尼西亚的亚齐分裂主义运动中有亚齐语的背景,科索沃独立运动中有阿尔巴尼亚语的影响,2008年宣布从格鲁吉亚独立出来的阿布哈兹本来就是一个凭借俄语而形成的"独立王国",2011年7月独立的南苏丹,则以非洲土著语言而有别于以阿拉伯人后裔为主体的北部苏丹③……这些分裂主义活动大多造成了严重的社会危机,有的已经导致了国家分裂。

3. 分裂主义与语言的关系

爱尔兰裔的"欧洲鲜用语协会"前会长穆丘(Helen O. Murchu)曾直言不讳地说过:"或明或暗,语言一直是政治议题,因为语言明显地牵涉到权力差别的

---

① 鞑靼人,沙皇俄国泛突厥主义的倡导者,20世纪初时被称为"俄帝国泛突厥主义最有影响的理论家"。
② "土兰"意为突厥后裔,地理学上指地处中亚咸海以东以南的一块平原,后来被泛突厥主义者用来指突厥语诸民族的居住区和历史上突厥人游牧过的地方。
③ 北部苏丹主要讲阿拉伯语。

问题。"(杨恕,2008:156)当语言被用来区分"自己人"和"外人"的时候,只要有人占优势,就必然会有人处于劣势,冲突自然就难免发生。此时,语言的多元不免被视为社会冲突的根源,或者至少是政治斗争的工具。因此,语言问题在政治斗争和民族冲突中的作用应引起充分的重视,这对维护多民族国家安全而言十分重要。这也就意味着,国家在制定语言政策时,不仅要考虑语言作为信息符号的本体特征,更要充分考虑其背后的政治意义。因为说到底,围绕着语言的冲突,其本质是不同的语言群体之间的矛盾与冲突。

引发分裂主义的原因有很多,可能包括历史上的殖民统治和外来入侵、宗教差别、移民政策、国家重组、民族政策不当,等等。究其根源,文化差异是最基本的原因。虽然文化差异并不一定导致分裂,但是一旦有外部因素的刺激,文化差异就有可能引发出分裂主义(杨恕,2008:10)。其中,语言始终都和文化紧密地结合在一起。例如斯里兰卡的主体民族僧伽罗人在国家独立后长期垄断国家权力,在纠正殖民地时期形成的泰米尔族优势地位的过程中不仅在经济政策上偏向僧伽罗人,还把僧伽罗语定为唯一的官方语言,把他们信奉的佛教定为国教,就此激化了族群间的矛盾。前文提到的巴基斯坦分裂、魁北克问题中也有类似的现象。

第三次世界性民族主义浪潮爆发后,我国也受到了影响。应该注意到,"东突"分裂主义势力和藏独分子、宣扬"三蒙统一"主张的人群背后都有相应的民族语言背景。就连我国的方言差别也被某些人用来做文章,亚运会前广州出现的街头集会明确提出要保护粤方言,甚至在南苏丹宣布独立之后,网上马上就有人提出"中国南部的吴语区是不是也可以举行公投来争取独立""如果长三角独立或者吴语区成立国家……"进而引起了广泛的批评和反对[①]。

在这次分裂主义浪潮中,不少分裂主义者都援引民族自决权原则和传统国际关系中的"一国一族论"作为其理论依据。其中还有一个重要的思想,就是把民族语言的边界等同于民族的边界。其实,人类社会发展的历史中由于民族迁徙、融合等原因,还由于语言自身的发展规律,语言和民族是不能完全画等号的。分裂主义者却往往把语言与历史发展割裂开来,刻意强调和夸大语言的共性与文化的认同,其本质是把语言作为政治活动的保护伞。例如,"东突"分裂主义势力把"我们的语言是突厥语"与荒谬的"突厥斯坦国家"概念联系在一起,其实就是在"以文化运动开始,演变为政治运动"的思想指导下精心策划的行动(李琪,2004:127)。

---

① 见中华城市吧(http://tieba.baidu.com/p/1162680516)等网上贴吧。

在考察分裂主义与语言问题的关系时,我们还注意到影响语言政策的两种政治哲学基础。一种可称为"自由主义",它把语言权力看作是个人的基本人权,基于这种理念的语言政策的出发点,是保护少数族裔的语言权利,倡导语言多样性;另一种政治哲学可称为"文化民族主义",它强调语言是一个民族集体生存权利的表现,因此不惜以牺牲个人的语言选择自由为代价来确立某种语言的优势地位。很多民族主义者往往先打起自由主义的旗号,强调语言作为交际工具的客观物质属性,其背后奉行的却是文化民族主义,力图确立本民族语言文化的特殊地位。加拿大魁北克分离主义运动的表现就是很突出的例子,他们一再强调语言多样性和语言人权,只是为了提高法语地位,为在魁北克地区实行单一语言政策寻找的借口。这就要求我们在进行语言决策时,必须谨慎处理两种诉求的关系,看清分离主义对语言诉求的本质。既要维护统一的国家认同,又要适当兼顾不同民族的需求,不给分裂主义活动提供借口。

4. 几点启示

分裂主义和语言问题是一个相当复杂的研究课题,其中牵涉众多因素。在此我们虽然只做了初步的探讨,但已经能够说明,语言问题牵涉国家最基本的安全利益,我国需要从国家战略的高度,结合政治、文化、经济等因素对其进行深入思考,谨慎制定语言战略,维护社会和谐与稳定。

冷战后许多民族分裂主义的产生,与一些国家未能形成或维系超民族的意识形态有重要的关系。而意识形态是分裂主义者证明其分裂合理性的要件,一般包括历史、民族、宗教、文化、政治、人权等方面的诉求。分裂主义组织通常都披着不同的外衣,如文化的、宗教的、政治的,甚至是政党的。语言与其中的很多因素直接相关,也很容易被人拿来"说事儿"。分裂主义者往往打着维护语言多样性和语言人权的旗号强调某种语言的重要性和独特性,故意淡化语言的工具性特征,忽视语言自身的发展特点,夸大语言的政治性。而另一些人只看到语言作为交际工具的特点,片面强调语言本身的发展规律,忽视了其背后的政治文化含义,忽视了语言与历史的紧密联系,容易让别有用心的人钻空子。我国的语言决策者应特别慎重地对待这些问题。

对此我们建议:(1)应当积极开展结合国家政治、经济因素的语言状况和语言政策研究,特别是与我国国情相似的多民族、多语言国家,总结其中的经验、教训,为我国语言决策提供借鉴和参考;(2)通过多种手段建立和巩固超越民族界限的国家认同感,其中包括推广国家通用语言文字,这应成为我国语言生活不变的主旋律;(3)在推广通用语言文字的同时给予民族语言(包括方言)以适当的发展空间,允许兄弟民族按照自己的意愿选择学习和使用的语言,历史证明,渐进的、过渡性的多语政策比强制性的统一语言政策效果要好得多。

  美国著名学者亨廷顿(Samuel P. Huntington)说过:"文化既是分裂的力量,又是统一的力量。"(塞缪尔·亨廷顿,2002:7)语言问题也是如此,恰当的语言政策能够促进国家的团结,而不当的选择和激进的做法则可能导致分裂主义的产生与蔓延。在这个民族主义思潮泛滥、国际形势异常复杂的时代,考虑国家安全问题不能忽视其中的语言问题。

参考文献:
1. 戴庆厦,2010,语言关系与国家安全[J],《云南师范大学学报》(哲学社会科学版)(2)。
2. 《国外语言政策与语言规划进程》,语文出版社,2001年。
3. 郝时远,2002,民族分裂主义与恐怖主义[J],《民族研究》(1)。
4. 何俊芳、周庆生,2010,语言冲突论[M]。北京:中央民族大学出版社。
5. 李琪,2004,"东突"分裂主义势力研究[M]。北京:中国社会科学出版社。
6. 李宇明,2010,中国语言规划论[M]。北京:商务印书馆。
7. 塞缪尔·亨廷顿,2007,文明的冲突与世界秩序的重建[M]。北京:新华出版社。
8. 申怀义,2001,西班牙恐怖组织"埃塔"活动走向[J],《全球民族问题大聚焦》,255。
9. 《外语战略动态》,上海外国语大学中国外语战略研究中心编,2009—2011。
10. 杨恕,2008,世界分裂主义论[M]。北京:时事出版社。
11. 赵龙庚,2001,从世界民族分裂主义看车臣危机[J],《东欧中亚研究》(2)。

  作者简介:赵蓉晖,上海外国语大学教授、博士生导师,主要研究方向:社会语言学、语言政策。电子信箱:anna_zhao@yeah.net。

国家外语能力需求下的大学外语定位*

复旦大学　蔡基刚

摘要：我国历史上曾经就大学英语教学定位爆发了四次较大的争论,争论的核心是定位在打语言基础的通用英语上还是在为专业学习的专门用途英语上。大学英语教学定位关系到满足个人外语能力需求还是国家外语能力需求。如是后者,大学外语教育就应该培养大学生能够用英语直接从事自己的专业学习和研究,以便在自己的学科领域内具有较强的国际交流能力和竞争力。但多年来,大学英语教育在不同程度上忽视了国家外语能力的要求,既没有提出学习英语的使用目标,也未提出培养学生这种用英语学习专业的语言要求。为了提高大学英语教学效率,满足国家外语能力的需要,大学英语应该有新的教学定位和语言要求。

关键词：国家外语能力；大学外语；学术英语

1. 历史的回顾

大学外语作为一门高校中规模最大,学生选修人数最多的课程,长期以来备受学界和社会关注,就其定位问题饱受争议。历史上曾经有几次大的争论。第一次是发生在20世纪80年代末至90年代初。当时就"大学英语课程是继续打基础,以语言共核(Common Core)为主要学习内容呢,还是应该结合专业,学习ESP,尤其是对理工科学生来说则应学 EST"在大学英语界"存在着分歧意见"(李荫华,1987)。付克(1986)归纳了当时三种意见：第一种意见认为,在中学外语基础没有打好的前提下,莫若继续打好基础,慢谈专业阅读。否则表面上看来似乎走了"捷径",一时也许能读一点专业书刊,但将来缺乏后劲,没有进一步的自学能力。第二种意见与第一种意见截然相反,认为科技人员和理工科学生学习外语主要是为了了解国外的科学技术。所以,公共外语的教学的主要方式是阅读,应在最短期间内让学生掌握阅读科技文献的本领。第三种意见介乎前两者之间,认为学生外语学习起点低,继续打好基础十分必要。但由于理工科外语

---

* 本研究是上海市教育委员会教育科学研究重点项目(项目编号：A1301)"上海高校实施从通用英语向学术英语转型的大学英语教学改革行动研究"成果。

教学的学时少,因此必须有针对性地打基础。这场争论不仅吸引了大学校长(杨福家,1991),还有科学界专家(李佩,1992)。最后,第一种意见占了主导地位,确立了大学英语为普通英语教学定位的地位。

第二次发生在20世纪90年代末。争论的起源是李岚清(1996)在中南海一次座谈会上对我国外语教学的批评。他认为"我国目前的外语教学水平、教学方法普遍存在费时较多,收效较少的问题,亟须研究改进",我国大学生"听不懂,讲不出,难以与外国人直接交流"。因此他提出要大力"解决目前存在的学生会读而不能听、会听而不能讲的问题"。在他的讲话后,南京高校的井升华(1999)在参加北京举行的一个全国大学英语教学研讨会上,做了关于"实用英语教学"的发言,对应试教学提出了严厉的批评。《中国青年报》转发了井升华《英语教学是壶烧不开的温水?》,批评"大学生学习英语十多年,可大多数只能读懂一些文学类简易读物,看不懂英文报纸,到图书馆查找资料文献也困难重重。一些到合资企业工作的本科生、研究生连一般的电传、单证、信函也看不懂"。李岚清的讲话和井升华的文章在大学英语界领导层引起强烈的不满。为此,《中国青年报》在1999年3月28日专门组织了一次外语教学改革座谈会。一方是大学英语界领导层的董亚芬、杨惠中、邵永真等教授,一方是井升华和大学生代表,其中包括北京市的语言专家陈琳和程慕胜等。双方对是否存在"聋子英语"和"哑巴英语",是否要进行"实用英语教学"各持己见。但是这场争论并没有影响普通英语在大学英语中的主导地位。

第三次较大争论在21世纪初。当时教育部正在主导一轮新的大学英语教学改革。争论的双方变成了教育部和大学英语领导层,争论的要点是突出听说能力和应用能力的培养,还是继续强调阅读第一层次,打好语言基础。教育部立场很明确:"这次大学英语教学改革的目的就是把原来以阅读理解为主改到以听、说为主,全面提高英语的综合实用能力上来"(张尧学,2003a;吴启迪,2004)。而大学英语界领导则在2003年1月27日至28日在南京举行"大学英语教学改革座谈会"。参加会议的代表"除来自全国各地的大学外语教学研究会14名常务理事外,还有国内知名的英语教育专家桂诗春、胡壮麟、杨惠中、李荫华、董亚芬、韩其顺、夏国佐、邵永真、安美华,以及来自高等学校大学外语教学指导委员会、全国大学英语四、六级考试委员会的部分委员"。相关内容以会议纪要形式在《外国语》和《外语界》两大具有影响力的外语刊物上发表。主要观点为:"不要轻易否定培养学生较强阅读能力的提法,现行《大纲》将阅读能力的培养放在第一位,是根据大量调查研究以及我国实际情况作出的合理决策。在我国现有的条件下,要求所有的大学生读、听、说、写、译样样精通是不现实的。

尽管与过去相比,目前对口语能力的需求更高,但根据《大纲》修订时的调查,对大部分大学生来说,今后工作所需的主要外语技能仍然是阅读。"

第四次争论发生在最近一两年。2013年2月,上海市教委颁布了上海高校大学英语教学指导委员会制订的《上海市大学英语教学参考框架(试行)》(以下简称《上框》)。《上框》提出培养大学生用英语直接从事自己的专业学习和今后工作的语言交流能力的教学目标,并规定ESP课程占大学英语总学分的75%。其中60%为通用学术英语课程,为必修性质,并建议大部分新生应直接进入通用学术英语学习。而传统的通用英语课程则被设定为过渡性的选修课程,主要是"为英语水平较低的新生补基础而设置"。显然,这是一份以专门用途英语为导向的大学英语教学大纲,与教育部1999年《大学英语教学大纲》和2007年《大学英语课程教学要求》所规定的打基础的通用英语教学定位直接发生冲突,因而,这项改革在大学英语界领导层受到质疑。文秋芳(2014)归纳三种不同的观点。第一种意见提出学术英语应在大学英语教学中起主导地位,目前的通用英语应边缘化,并逐渐被替代(以蔡基刚为代表);第二种意见恰恰相反,认为"学术英语的应用领域相对狭窄","对大多数中国高校来说,为专业学习提供语言支撑的需求并不迫切,因此,以'学术英语为核心','以学术英语为导向',把大学英语教学的主要任务设定为去满足对大多数学生来说并不存在的实际需要,认识上有偏差,实践起来有困难,不适用于全国大学英语教学"(王守仁,2013),我国大学英语教学的发展方向应是以掌握"英语语言知识"和"提高学生口笔头交际能力"为核心的通用英语和掌握"英语国家文化传统、文学渊源、发展历史、宗教信仰等"为核心的通识英语,而不是学术英语(胡开宝,2014)。第三种意见则持折中立场,认为学术英语和通用英语可以互补并存,让学生按需所取(文秋芳,2014)。

2. 国家外语能力和大学外语

四次争论的核心就是大学英语教学定位,说到底,大学英语是定位为一门单纯的语言课程,帮助学生掌握一门外国语,或是一门人文素质课程,帮助学生提高素质修养,还是一门帮助学生学习和掌握如何用英语来为自己专业学习的课程。这三种观点似乎都有理,但如果从国家外语能力的角度看问题情况就不一样了。

国家外语能力是从国家语言能力(National Language Capacity)延伸出来的概念。根据文秋芳等人(2011)的定义,"国家外语能力指的是一个国家运用外语应对各种外语事件的能力",也就是说一个国家为维护自身安全所需要的外语能力。事实上，国家外语能力并不仅仅局限在国家安全需要上，它还包括其他方面尤其是国家的经济、科技和学术交流。如设在美国马里兰大学的国家外语中心Jackson等人（2012）就国家对外语能力要求（the National Requirement for Foreign Language Capacity）列出以下五个方面：（1）国家安全和外交需要；（2）国际经济发展需要；（3）全球国际交流需要；（4）多民族语言交流需要；（5）学术和研究交流需要。所以我们可以这样进一步定义国家外语能力：国家外语能力是一个国家运用外语以确保国家安全和在政治、经济、科技等领域国际竞争力的能力。

相对于国家外语能力的是个人外语能力。个人外语能力是指一个国家的公民运用外语以满足自身各种需要的能力，如满足个人语言兴趣、了解异国文化、提高自身文化修养、应对各类考试、准备出国留学、拓展求职范围、提升职业竞争力、评聘职称，等等。简而言之，国家外语能力是国家利益的综合体现，而个人外语能力主要是为满足个人利益需求。

我们提出国家外语能力和个人外语能力的概念并加以区分，是为了说明不同的能力对外语教育的设计和要求是不同的。如从国家外语能力需求出发，大学外语教育目标应该是培养大学生用外语直接从事专业学习和研究，以便使其能够在自己的学科领域内获得较强的国际交流能力和竞争力，最大限度地发挥外语的工具作用。

历史上，我国政府从国家外语能力的角度多次提出过对外语教育的要求。例如，十年动乱刚结束，我国政府提出了在本世纪（20世纪）内实现国家繁荣的四个现代化目标。1978年8月28日，党中央召开了全国外语教育座谈会。在座谈会上，人大常委会副委员长廖承志做了题为"为实现四个现代化，加紧培养外语人才"的讲话，指出"要赶上飞跃发展的形势，我们必须搞好外语教学，加紧培养外语人才"。到了20世纪末，申奥申博的成功和中国加入世贸组织使中国进入了全球化时代。如何应对21世纪的挑战，培养一大批懂外语的专门人才积极参加国际合作和国际竞争又一次摆到政府面前。1996年6月28日，当时分管教育的李岚清副总理在中南海召开了外语教学座谈会上，在会上他发表了著名的讲话，指出："我国目前的外语教学水平、教学方法普遍存在费时较多、收效较少的问题，亟须研究改进。很多学生经过八年到十二年的外语学习，然而大多数学生都不能较熟练地阅读外文原版书籍，尤其是听不懂，讲不出，难以与外国人直接交流，这说明我国的外语教学效果不理想，还不能适应国家经济和社会发展，特别是改革开放和扩大对外交往的需要。"进入21世纪，随着经济全球化的深入和高等教育国际化的出现，教育部和财政部联合在2007年颁布了《关于实施高等学校本科教学质量与教学改革工程的意见》的1号文件,要求大学英语教学改革要"切实提高大学生的专业英语水平和直接使用英语从事科研的能力"。2010年,国家又颁布了《国家中长期教育改革和发展规划纲要(2010—2020)》提出高校要积极引进优秀的国外教材,提高外籍教师比例,以"培养大批具有国际视野、通晓国际规则、能够参与国际事务和国际竞争的国际化人才"。虽然《纲要》没有对外语教学提出直接的要求,但有一点是肯定的:为培养我们大学生能够在自己的专业领域内具有较强的国际竞争能力,大学生必须能够用外语直接阅读本专业的教材和文献,听懂外国专家的授课和讲座,到国际学术界进行广泛地交流。

3. 国家外语能力与学术英语及其语言要求

如果大学英语教育的目标是培养学生用英语直接从事专业学习和研究的国际交流能力和竞争力,把英语真正当成一门实现国家战略需求、满足国家外语能力要求的工具,那大学英语教学定位就不应是打基础的通用英语,也不是传授英美文化的通识英语,而应是专门用途英语(ESP),尤其是专门用途英语中的学术英语(EAP)。这是实现大学英语教育目标最直接、有效的途径。

学术英语最早是英美国家"为国际留学生开设的预科性质的英语强化课程,目的是帮助学习者能以英语作为教学语言学习专业课程或从事研究活动",即为专业学习提供语言支持(Jordan,1997)。但是最近二十年来学术英语已逐渐成为世界高校的大学英语教学主要内容。Flowerdew和Peacock(2001)对学术英语教学需求进行了地理区域划分,将其分为四类,前三类是:(1)英美、澳大利亚等英语为母语的国家,EAP教学主要针对母语非英语海外留学生;(2)英国前殖民地、英语作为第二语言的国家;(3)与英语不存在历史联系,但有阅读英文文献需求的国家,如西欧一些国家、日本、中国、拉丁美洲等。后两类的EAP学生远远超过第一类,这是因为英语已成为国际各学科研究成果和学术交流的国际通用语,不管这个大学的教学语言是英语还是母语,只要不想与国际学术社会隔离,学生都需要用英语查找专业文献,参加国际学术交流(Flowerdew & Peacock, 2001),也就是说,学术英语在英语为非教学语言的国家的出现和英语成为国际通用语不无关系,它不仅对教学语言为非英语的国家的大学生的专业学习成功非常重要,而且对推动这个国家的科技发展也至关重要(Turner, 2004)。

Jordan(1997)根据EAP特点,细分了一般学术英语(EGAP—English for General Academic Purposes)和专门学术英语(ESAP—English for Specific

Academic Purposes)两种,前者主要包括训练学术口语交流能力和学术书面交流能力的课程,如学术写作(包括规范引用和参考文献)、听讲座、做笔记、口头陈述和参加学术讨论等(Alexander, Argent & Spencer, 2008),后者则是侧重某一学科领域的英语教学(Dudley-Evans & St. John, 1998),如金融英语、软件英语、科技英语、工程英语,医学英语、生物英语等课程。但与我们现在的双语教学或专业英语不同的是,专门学术英语偏重这些学科中的语言表达方式和语言交际能力的教学。

根据学术英语的教学内容,我们可以发现,学术英语实际上是中小学基础英语或通用英语向大学里用英语进行专业学习过渡的必不可少的桥梁:较高的学术英语水平将有力地保证专业学习的效率。下面我们以香港高校和日本高校的大学英语教学为例,看看学术英语的教学效果。

英语对香港和日本来说都是外语,但英语在香港高校里作为教学语言已有多年的传统,而在日本是非教学语言,英语的地位和中国大陆的情况相同。根据蔡基刚(2011,2012)的调查发现,不管是香港高校还是日本高校,他们大学英语教育的10个左右学分都用在各类学术英语课程上,如:学术英语听说、学术英语阅读和学术英语写作等。尤其是学术演讲技巧(academic presentation skills)和学术写作(academic writing)这两门课,是大学英语的必修课程,目的就是培养学生运用英语开展专业学习的能力。我们注意到,香港和日本的大学生都具有较强的专业方面的英语阅读能力、表达能力和写作能力,这种能力保证他们能够迅速汲取学科前沿的最新信息,交流和发表新的研究成果,有力地促进了学术发展和成果传播。无论是香港大学、香港中文大学、香港科技大学等,还是日本的东京大学、京都大学等,他们的世界高校排名远远超过清华、北大,开展针对性强的学术英语教育应该是重要的原因之一。

不同的外语教育目标决定了不同的语言能力要求,进而会影响各层面教育目标的设定。显然,为专业学习和研究提供语言支撑的学术英语要求和为一般日常生活交流服务的通用英语要求是不同的。我们以词汇量设定为例来说明问题。根据Diller(1978)的研究,外语学习者如想比较顺利地阅读中等难度的文章,10 000个词汇是最低的要求。而其中如有1 000个词是某一专业的词汇,那么外语学习者在阅读有关专业的文章时,效率会更高。Laufer(1989)认为,外语学习者如果拥有5 000个词汇量,阅读一般报刊书籍文章的正确率可达59%;词汇量达到6 400个,阅读正确率可达63%;词汇量达到9 000个,阅读正确率可达70%。孙复初(2010)对美国大学普通数、理、化基础教材进行统计后,发现总词汇量在12 000个左右,这是所有自然学科的共核基础词汇。掌握这12 000个词汇的 80%,就可以解决英文专业文献中的大部分词汇问题。再掌握一定数量的专业词汇,就可以比较完满地解决阅读问题。可见,一个大学生只有具备 10 000 个左右的词汇量才能达到有效开展专业学习的英语能力要求。正因为如此,"日本规定中学生需掌握约 6 000 个词,大学还应掌握 7 200 个,共约 13 200 个词"(李荫华,1995);俄罗斯中学生要掌握 9 000 个词,非英语专业大学生要求掌握的词汇总量为 15 500 个(冯启忠,2000)。

我国民国时期颁布的 1932 年《高中英语教学大纲》对词汇量的要求是 8 000 个。正是大学新生的高水平英语保证了当时的高校能普遍直接使用世界最先进的教材,引进世界一流专家授课。"在 20 世纪 40 年代,国立中央大学物理学课本是英文原版教材。不掌握英文就无法上课,留洋归国的教师和外籍教授多会用英文授课,学生们要听得懂英文,看得懂课本才能上课,记笔记也是用英文。英语不是专门的课程,而是学生们学习的工具"(光明日报 2013 年 10 月 17 日)。正因为教学、科研与世界一流水平直接接轨,到了 1934 年,当时的清华大学、北京大学和中央大学等都挤进了世界名校的 100 名(现在的清华和北大都在 200 名后),在北京形成了世界名校群,培养了如杨振宁和李政道等未来的诺贝尔奖获得者。

4. 通用英语定位和费时低效

外语学习"费时低效","投入多,产出少",这是公众批评我国外语教育常用的论调。我国高校大多数学生从小学三年级开始学习英语,到大学二年级,大约学了 12 年,但是能够运用英语从事自己专业学习或未来工作的人却很少。王登峰(2007)曾对全国大学生做过调查,发现 65% 的大学生用他们全部学习时间的至少四分之一学外语,主要是应对四、六级考试和其他各种英语考试。但是即使在清华大学,"大学生四、六级考试过关之后,英文文献读不了,英文论文写得一塌糊涂"(孙复初,2005)。英孚教育集团 2013 年 11 月 6 日发布了《全球英语熟练度指标报告》,报告说明,就成人应用英语的水平而言,中国大陆在亚洲 12 个国家和地区中,排名倒数第二,属于低熟练水平,远远落后于日本和韩国等。大学英语出现"投入多"但"产出少"的结果,原因是多方面的。但最主要的原因就是外语教育比较多地考虑满足个人外语能力需求(如通过四级考试要求,听说一般交际要求等),以及英语教师的授课要求(他们中大多数是英美文学或理论语言学背景,晚上搞这些领域的研究,白天更乐意进行通用英语教学,或结合自己研究方向开设课程),但较少考虑国家外语能力需求,结果大学英语只提出与四级考试相当的和具有一般日常生活的交流能力的语言要求。这就是为什么

30年来大学英语教学的词汇要求始终停留在4 500个左右,尽管最近几年大学新生的词汇量已达到3 300个的平均水平,上海等省市大学新生已经达到4 500人。可见多少年来大学英语教学始终在较低水平上重复。

从上一节分析中我们可以看到,4 500个单词量是低水平的英语,远远不能满足专业学习的需要。正如李荫华(1995)在评论大学英语四级词汇要求时说的,"这个数目是制定大纲的同志们在约莫10年前根据当时各方面的情况确定的,当然有其合理的一面。但我总感觉这个数字过低,至少对文科学生来说,若要具备获取所需专业信息的能力,这样的词汇量是相当不够的","我一直认为我们现在的大学生应该有1—1.5万个的单词量"(李荫华,2007)。

再以阅读要求为例,大学英语四级的阅读速度要求是每分钟70—100个词,但是这个要求根本无法胜任专业文献的阅读要求。根据Leeuw等人(1998)的研究,英美大学生的平均阅读速度是每分钟230—250个词,低于230个词是属于比较慢的(见下表)。语言学家们对母语为非英语的学生划定的评估标准是:60个词/分钟——非常慢,80个词/分钟——慢,120个词/分钟——一般,150词/分钟——快,180个词/分钟——非常快(冯启忠,2000)。按照这个标准,大学英语对阅读的要求实在太低了。这就是为什么我们的大学生即使通过了大学英语四级考试,他们也无法进行有效的专业文献阅读。

表1 英美大学生阅读速度量表(From Leeuw,1998:29)

170—200 词/分钟	很慢	300—350 词/分钟	更快
200—230 词/分钟	慢	350—450 词/分钟	快
230—250 词/分钟	一般	450—550 词/分钟	很快
250—300 词/分钟	较快	550—650 词/分钟	非常快

既然如此,为什么不能提高四级要求的水平呢?其中一个主要原因就是大学英语定位在通用英语,主要是通过四级要求和培养学生日常生活的听说能力,要求提高词汇量或阅读速度并无实际意义。因此,我国大学英语教育只能始终在低水平上徘徊,这样一来,只能重复中小学英语教学的内容,造成学生严重的学习懈怠情绪(戴炜栋,2001),费时低效就是必然的结果。

5. 国家利益高于一切

从国家外语能力需求出发,大学英语教育的重点并不是培养学生一般的日常交际能力,因为大学生学习英语的目的不是为了给老外指路,不是为了出国旅游和移民,而主要是为了在专业学习和未来工作中能汲取专业信息和交流专业信息。为达到这一目的,大学生需要的不仅是能用于一般社会交往的听说能力,更需要用英语听讲座、参加国际学术交流、通过阅读有效地汲取专业信息、通过写作有效交流和传递专业信息的能力。在这一点上日本人做得非常好。日本文部省制定的《培养能用英语的日本人行动计划》对全体国民和大学生的要求就是有区别的。对一般国民的要求就是"培养'能使用英语的日本人',全体国民应具备使用英语进行日常会话和简单信息交流的能力",但对大学生的要求"是进一步提高专业人士和从事国际社会活动人士的英语能力,使他们能够在专业领域内熟练地使用英语"(李雯雯等,2011)。

最近一些文章借用《欧洲语言共同参考框架》(以下简称《欧框》)中语言使用的四个领域(个人领域、公共领域、职场领域和教育领域)以及语言能力的六个等级:A1(入门级)、A2(初级)、B1(中级)、B2(中高级)、C1(高级)、和C2(精通级)来说明通用英语教学在高校存在的合理性和必要性(王守仁,2013:11,文秋芳,2014:4),并试图把大学英语的教学要求和目标与《欧框》的语言能力等级对等起来。但是有一点必须清楚,两者之间有三个最大不同:《欧框》的目的是促进欧盟各国之间的文化交流和人员流动;大学英语教学的目的是培养学生专业领域内的国际交往能力;《欧框》语言能力等级对象的外语基础和学习需求相差很大,而大学英语对象的英语基础相对一致(大学生都已完成高中英语课程),学习要求也基本一致(为了专业学习和未来工作);《欧框》语言能力等级要求对象是全体公民,大学英语教学要求和语言能力是针对非英语专业的大学生。不同的目的、不同语言基础和需求、不同对象决定了应该有不同的语言要求或教学重点。笔者相信,欧洲高校,更不用说美国高校都会参考《欧框》六个等级要求自己大学生的。

许国璋(1978a,1978b)曾经批评"大学的公共外语,效果很不理想。过去我们没有提出向外国学习现代科学文化的口号,而大学科技专业也并不把阅读外文科技资料列为强制性规定,难怪公共外语作用不大"。他指出,新形势"给我们外语教学提出了一个新的任务。这一新的任务是不是可以这样概括:以外语为工具,学习世界上科学文化知识","为各行各业既通外语又通本行业务,能够用外语直接汲取我们所需要的科学文化知识的人才。只有这样做我们的外语教学才真正有利于四个现代化"。

尽管许老是对20世纪大学外语教学的批评,但近40年过去了,他批评的这种情况今天依然如故,并没有得到任何改变。是什么原因呢?为何教育部提出的大学英语教学改革要"切实提高大学生的专业英语水平和直接使用英语从事科研的能力"的要求一直得不到落实?为何在大学外语界英语的工具作用一直受到抑制,英语的人文性和通识教育一直受到弘扬?为何开展专门用途英语教学和学术英语教学一直阻力重重?许国璋给出自己的看法。他认为,大学外语教学的"培养目标应该服从国家利益,从国家利益去考虑外语教学方针,考虑外语教学培养目标与教学方法",凡"涉及国家民族利益的大事。我们决不可因为过去是怎样做的,因循守旧,不思改革"(1978b)。

许老当时是北京外国语大学外国语言研究所所长和英语系主任。但他把自己的专业研究暂搁一旁,关于我国大学英语教育事业,他呼吁大学英语界"应该急赶直追,把外语教学应担当的首要任务——培养各行各业既懂专业又懂外语的科学文化大军——担当起来,在未来的五年内,做到在重点大学内学生入学时的外语水平就能看专业外语书刊,在毕业时做到读听说写俱会,真正能够使用外语作为研究与国际交流的工具"。

我们都是许老的弟子。能否实现他遗愿,在今后的五年内,培养出一大批能够使用外语进行专业学习和研究的、在自己专业领域内具有国际竞争力的大学生?

参考文献:

1. 蔡基刚,2001,关于大学英语课程设置与教学目标——兼考香港高校大学英语课程设置[J],《外语教学与研究》(4)。
2. 蔡基刚,2012,从日本高校大学英语教学看我国外语教学目标调整[J],《外语教学理论与实践》(3)。
3. 蔡基刚、陈宁阳,2013,高等教育国际化背景下的专门用途英语需求分析调查[J],《外语电化教学》(5)。
4. 戴炜栋、张雪梅,2001,探索有中国特色的英语教学理论体系:思考与建议[J],《外语研究》(2)。
5. 冯启忠,2000,论大学英语教学的症结与改革方策略[J],《外语教学》(3)。
6. 付克,1986,中国外语教育史[M],上海:上海外语教育出版社。
7. 胡开宝,2014,我国大学英语教学的未来发展方向研究[J],《外语界》(3)。
8. 会议纪要,2003,大学英语教学改革:挑战与期望[J],《外国语》(3)。
9. 井升华,1999,英语教学是壶烧不开的温水[J],《中国青年报》,1999年3月10日。
10. 李岚清,1996,改革外语教育方法,提高外语教学水平[C],《中国教育报》1996年9月5日。
11. 李佩,1992,普通英语与科技英语教学论坛[J],《外语界》(1)。
12. 李雯雯、刘海涛,2011,近年来日本英语教育的发展及政策变革[J],《外国语》(1)。
13. 李荫华,1987,复旦大学近几年来文理科外语的教改[J],《外语教学与研究》(1)。
14. 李荫华,1995,提高课堂教学质量是我们的当务之急[J],《外语界》(1)。
15. 孙复初,2005,标准化考试可以休矣[N],《南方周末》2005年2月24日。
16. 孙复初,孙复初同青年科学家和大学生谈英文文献阅读[OL],http://www.360doc.com/content/10/0713/19/167207_38793538.shtml.2010。
17. 王登峰,国家语委呼吁外语使用应结合职业需求,人民网—中国政府新闻2007年8月

17 日。
18. 王守仁,2013b,坚持科学的大学英语教学改革观[J],《外语界》(6)。
19. 王守仁、姚成贺,2013a,关于学术英语教学的几点思考[J],《中国外语》(5)。
20. 文秋芳,2014,大学英语教学中通用英语与专用英语之争:问题与对策[J],《外语与外语教学》(1)。
21. 文秋芳、苏静、蓝艳红,2011,国家外语能力的理论构建与应用尝试[J],《中国外语》(3)。
22. 吴启迪,2004,在大学英语教学改革试点工作视频会议上的讲话[J],《中国外语》(1)。
23. 许国璋,1978a,论外语教学任务的方针[J],《外语教学与研究》(2)。
24. 许国璋,1978b,谈谈新形势下外语教学的任务[J],《人民教育》(10)。
25. 杨福家,1994,学习英语,享受完整的美[J],《外语界》(1)。
26. 张尧学,2003,关于大学文科公共英语教学改革的再思考[J],《中国高等教育》(12)。
27. Alexander, O., Argent, S. & Spencer, J. 2008. *EAP Essentials: A Teacher's Guide to Principles and Practice* [M]. Reading:Garnet Publishing Ltd.
28. Dudley-Evans, T. & M. St. John. 1998. *Developments in English for Specific Purposes* [M]. Cambridge:CUP.
29. Flowerdew, J. 1999. Writing for scholarly publications in English:The case of Hong Kong [J]. *Journal of Second Language Writing* 2:123 – 245.
30. Flowerdew J, & M, Peacock. 2001. *Research Perspectives on English for Academic Purposes*. C. U. P (pp. 8 – 24)。
31. Grabe, W. & Stoller, F. L. 2001. Reading for Academic Purposes:Guidelines for the ESL/EFL Teacher [A]. In M. Celce-Murcia(ed.). *Teaching English as a Second or Foreign Language*. London:Thomson Learning.
32. Hyland, K. 2006. *English for Academic Purposes: An Advanced Resource Book* [M]. London:Routledge.
33. Jackson, R. H. & Malone, M. E. Building the Foreign Language Capacity We Need:Toward a Comprehensive Strategy for a National Language Framework [OL], http://www.cal.org/resources/languageframework.pdf. December, 4. 2012.
34. Jordan, R. R. 1997. *English for Academic Purposes* [M]. Cambridge:Cambridge University Press.
35. Laufer, Batia. 1989. What Percentage of Lexis Is Essential for Comprehension [A]. In Lautern, C. and Nordman, M. (ed.). *From Human's Thinking to Thinking Machnies* [C]. Clevedon:Multilingual Maters.
36. Leeuw, E. D. & Leeuw. M. D. 1998. *Read Better, Read Faster: A New Approach to Efficient Reading* [M]. CPU.
37. Petro, M. Testimony on National Language Needs to the Senate Subcommittee on Oversight of Government Management, the Federal Workforce and the District of Columbia. January 25. 2007.
38. Turner, J. 2004. Language as Academic Purpose [J]. *Journal of English for Academic Purposes* (3)95 – 109: 95 – 96.

作者简介:蔡基刚,复旦大学外文学院教授、博士生导师,研究方向:对比语言学、应用语言学。电子信箱:caijigang@fudan.edu.cn。

全球化背景下西班牙语言教育战略变革方略探析*

上海外国语大学西语系　曹羽菲

摘要：2013年底西班牙议会通过了教育文体部提交的《提高教育质量组织法》，以此推出一系列教育改革措施。此次教改中有关语言教育的重新规定表明，西班牙政府在全球化大背景下对本国语言教育战略做了相应调整：强调了外语学习的重要性；提高了国家官方语言西班牙语在本国教育体系中的地位；加强了中央政府对于语言教育的决定权。本文就此次改革实施的背景、内容及其对中国语言教育发展的启示，对西班牙语言教育战略变革进行述评。

关键词：语言教育战略；西班牙；教育改革；全球化

全球化对各国语言地位和语言教育都造成了重大影响，在此背景下，西班牙在最近一次教育改革中对本国语言教育战略做了相应调整。此次战略变革进一步强调外语学习的重要性，同时加强教育体系中国家官方语言的地位规划和中央政府对于语言教育的决定权。这些战略调整在"国际与国家"、"国家与区域"两个层面展开，既符合全球化大背景又切合本国具体国情，有利于西班牙和西班牙语在激烈的国际竞争中赢得一席之地。这也给中国这样一个多民族、多语言的国家如何通过制定合理的语言教育战略来参与国际竞争并维护国家利益带来一定启发。本文从背景、内容及启示三方面对此次语言教育战略变革进行述评。

1. 西班牙语言教育战略调整的背景

西班牙语是联合国六种工作语言之一。目前，世界上有22个国家以西班牙语作为官方语言，其中除了西班牙本土，还包括位于非洲的赤道几内亚、位于东南亚的菲律宾和19个位于拉丁美洲的国家。此外，在美国也有大量以西班牙语为母语的居民。全世界以西班牙语为第一语言的人数近五亿，在使用人数上，西

---

* 本文受到国家语委"十二五"科研规划重点研究项目"国际语言政策综合资源库"（项目编号：ZDJ125-1）、上海外国语大学区域国别研究中心项目"全球化背景下西班牙语言教育战略研究"（项目编号：QYGBYJ15CYF）和青年教师创新团队项目"语言战略研究的理论和方法探索"的资助。

班牙语是仅次于汉语和印地语的世界第三大语言。就使用面积而言,使用西班牙语的地区占到世界总面积的9.1%,仅次于英语、法语和俄语。这些数据看似预示着西班牙语美好的前景,然而,进一步的分析表明,面对21世纪全球化的挑战,西班牙语的处境并不乐观。

在国内,西班牙语面临加泰罗尼亚语和巴斯克语等自治区官方语言的挑战。在西班牙加泰罗尼亚语区,很多教材都用这种自治区官方语言编写,每年用加泰罗尼亚语出版的书籍近5 000本。此外,它已经成为整个公共教育体系中使用的主要语言,超过一半的大学课程用加泰罗尼亚语授课,大学行政事务中也使用这门语言。2009年3月,西班牙巴利阿里群岛政府在最近一项语言规范化计划中提出,今后当地电视和电台的节目50%以上将用加泰罗尼亚语播出。除了规定媒体用语外,该计划中有关推动使用加泰罗尼亚语的提议还涉及企业、银行、青少年用语等诸多方面,共计两千多条。2009年4月,Google与巴斯克自治区政府和巴斯克语言政策分管委员会签订合约,推出Google巴斯克语的搜索引擎,并在其电子邮件Gmail中推出巴斯克语服务。2009年6月,加泰罗尼亚政府通过新的移民接收法草案,规定学加泰罗尼亚语可给定居证申请加分。同月,欧盟又宣布将为"伊拉斯莫斯"国际交流项目学生的加泰罗尼亚语课程支付费用。

在欧洲,西班牙语在和法语、德语的交锋中又处于劣势。根据2005年的统计数据①,经济合作发展组织将西班牙列在欧洲四个级别②中的第三个级,即中低收入国家。由此,欧洲中高收入以上国家的官方语言都非西班牙语。从外语普及角度看,西班牙语普及率仅占欧盟内非母语人口的6%,远低于英语的38%和德语、法语的14%(傅荣、王克非,2008:15)。从外语学习角度来看,西班牙语在欧洲作为学校外语学习的比率不超过10%,远远低于英语的90%和德语的33%(Lacorte,2007:87)。此外,西班牙语作为外语教学的时间也很有限:在欧洲各地学校,英语教学通常从小学阶段开始,德语和法语从中学低年级开始,西班牙语则要到中学高年级才开始。此外,超过一半的欧洲国家把英语课作为必修课程,在比利时、塞浦路斯、卢森堡和冰岛四个国家,法语是必修课程;德语在卢森堡也是学生必修的外语。然而,除了西班牙本国,没有其他任何欧洲国家将西班牙语作为必修课程,换言之,西班牙语通常只是选修课。2004年,欧盟为了节约成本并以缺少翻译为理由,将西班牙语排除在新闻发布会使用语言之外,只留下英语、法语和德语作为工作语言。在马德里的强烈反对下,西班牙语才最终恢复其欧盟工作语言的地位。

在美洲,西班牙语传播的历史非常悠久。1492年,哥伦布发现美洲新大陆

---

① Purchasing Power Parities, 2005.
② 四个级别为:高收入国家、中高收入国家、中低收入国家、低收入国家。

后,伴随着殖民扩张,西班牙语在新大陆得到普及,19世纪初,西班牙语就在殖民地确立其统治地位。然而,西班牙皇室在无止境的对外战争中花费了大量从新大陆攫取来的财富,国内严重的通货膨胀和宗教压迫也加剧了西班牙国力的衰退。1805年,西班牙舰队在特拉法加海战中受到重创,1808年,西班牙又遭到拿破仑军队的入侵,1810年至1824年间,西班牙陆续失去其在美洲的殖民地。尤其在那些原先属于墨西哥,后因1848年美西之间签订的瓜达卢佩协议而成为美国领土的地区,西班牙语的地位已从欧洲殖民强国的语言降为处于从属地位的印欧混血民族使用的语言。20世纪70年代,西班牙语有过短暂进入美国国家双语教育体系的时期。然而,仅仅过了十多年,伴随着"英语官方化"运动,西班牙语的地位再次下降,英语成为所有美国人的语言。进入21世纪,随着美国经济和信息技术的迅猛发展,英语更是成为引领全球化浪潮的世界性语言。2004年,知名学者哈梅尔在一次媒体采访中一针见血地指出"西班牙语如今受到英语和全球化的威胁"(Hamel,2004)。

2. 西班牙语言教育政策战略调整的主要内容

我们在前面所列举的种种数据和事实都表明:全球化背景下的西班牙语面临"内忧外患"的处境。面对全球化的挑战,2013年10月,西班牙议会通过了教育文体部递交的《提高教育质量组织法》(以下简称《组织法》),推出一系列教育改革措施,对语言教育战略做出相应调整。

在"国际与国家"层面,此次战略调整强调了西班牙语和外语学习的重要性。新颁布的《组织法》将西班牙语和第一外语列为主干课程,规定教学课时不少于总课时的50%,并积极鼓励学习第二、第三外语,给予多语教育优惠政策。《组织法》第七章中明确规定了对于语言多元化的支持:"我们经历的全球化进程使得掌握第二或者第三外语成为教育中优先关注的内容,而这正是我们教育体系中的不足之一……法律坚决支持语言多元化,加倍努力让学生至少流利掌握第一外语……并坚定地将第二外语纳入课程设置。"为了支持外语教学,《组织法》还新增加了第三十七条额外规定,给予双语或多语专家优惠政策:"每个学年,教育行政机构能够额外聘用双语或多语教师作为专家……"

此外,《组织法》还在原条款19、26和34有关小学、中学和大学预科教学原则的规定中,增加了尽量使用外语开展外语教学的内容:"西班牙语或者地区官方语言在外语教学过程中仅作辅助之用。强调听力理解与口语表达。"有关外语授课语言的规定必然对授课师资提出更高的要求,有利于外语教学质量的提高。我们还注意到西班牙政府在大学前阶段将外语作为工具型课程,因此教学过程中优先发展听力理解和口语表达能力,让学生能够充分利用好"外语"这门工具与外部世界沟通并参与全球化竞争。

可见,在全球化发展的大背景下,西班牙政府在"国际与国家"层面采取了开放而积极的姿态,意识到在全球化竞争的时代,无论从国家交往、知识信息交流还是经济往来角度来讲,任何一个国家都需要更多地与外部世界沟通。因此,有必要进一步强调语言多元化,一方面强化本国强势语言西班牙语,参与国际竞争;另一方面积极学习外语,主动融入全球化进程。

在"国家与区域"层面,此次战略调整提高了中央政府对于教学内容的决定比例,同时重新规定了各级官方语言和外语在本国教育体系中的地位。首先,《组织法》中条款6规定"在有自治区官方语言地区,政府能决定65%的关于基本能力的教学内容(包括语言教学);在其他地区中央政府的决定比例为75%"。而之前2006年西班牙《教育组织法》中规定相应的比例分别为55%和65%。列表如下:

表1

战略调整前中央政府决定权	战略调整后中央政府决定权
有自治区官方语言地区:55% 其他地区:65%	有自治区官方语言地区:65% 其他地区:75%

巴斯克政府认为该调整是对巴斯克教育自治的"攻击"。西班牙现任教育文化部长沃尔特则在草案颁布的新闻发布会上解释道:之前西班牙各地区教育内容太过分散,水平参次不齐,因此,更多的教育投入并没有带来令人满意的结果。因此有必要加强西班牙国内各地区之间教育内容的统一性。

其次,《组织法》对国家官方语言(西班牙语)、自治区官方语言(加泰罗尼亚语、巴斯克语、加利西亚语、巴伦西亚语)和外语在教育体系中的地位和教学作出更为明确的规定,"西班牙语和第一外语属于主干课程,所占教学时间不少于总课时的50%;第二外语属于特定课程,所占教学时间不超过总课时的50%;而自治区官方语言属于专业课程,对其教学时间没有特别规定。"

加泰罗尼亚政府对此项调整表示强烈不满,认为根据新的规定,加泰罗尼亚语等自治区官方语言在教育体系中将成为位列西班牙语、第一外语和第二外语之后的第四语言,毫无地位可言。与之形成鲜明对比的是,在此项调整之前,加泰罗尼亚语是当地公共教育体系中的主要用语,不但超过一半的课程用加泰罗尼亚语教授,而且它是自治区各大学行政用语。

可见,面对全球化的激烈竞争,西班牙中央政府在"国家与区域"层面加强了对于语言教育的决定权,并极力维护国家官方语言西班牙语在本国教育体系中的地位,这有利于西班牙政府整合国内各地区优势,联合起来以一个整体的形象参与全球化竞争。

3. 西班牙语言教育政策战略调整的启示

　　全球化对各国语言地位和语言教育造成了重大的影响,在此影响下西班牙政府通过此次教改强调了外语学习的重要性,提高国家官方语言在本国教育体系中的地位,同时加强中央政府对于语言教育的决定权。这些战略调整在"国际与国家""国家与区域"两个层面展开,既符合全球化大背景又符合本国具体国情,有利于西班牙和西班牙语在激烈的国际竞争中赢得一席之地,也给中国这样一个多民族、多语言的国家如何通过制定合理的语言教育战略来参与国际竞争并维护国家利益带来一定启发。

　　首先,西班牙政府在此次教改中对西班牙语和外语学习的强调表明,全球化背景下各国语言教育战略的调整应该包括强化本国强势语言和推动外语教学两个方面。强调西班牙语的学习是为了强化本国强势语言,参与国际竞争;鼓励学习外语则是为了主动与外部世界交流,融入全球化进程。这两方面必须协调一致、和谐发展,过分强调任何一方面都会阻碍西班牙参与全球化进程或者削弱其竞争实力。而在我国,从语言教育全局看,外语教育地位过高。过分抬高外语教育地位而忽视本民族语言教育地位必将导致中华传统文化的日趋衰落和民族文化认同度的降低,威胁国家文化利益(曹迪,2012:72)。因此,我们有必要借鉴西班牙语言教育战略调整的经验,在重视外语教育的同时进一步在国际和国内层面推动国家通用语教学。

　　其次,西班牙政府在大学前阶段将外语作为一门工具性课程,此次教改明确规定要用全外语授课,在教学过程中优先发展听力理解和口语表达能力,这符合国际二语教学领域中"听说领先"的实际情况。而在我国,外语教学往往缺乏语言环境,外语学习仍以阅读和书面表达为主,学生外语听力和口语表达能力普遍不强。国内多数院校把考试通过率作为教师教学业绩的重要组成部分,造成了空前的大面积应试教学现象,制造出大批高分低能的聋子英语和哑巴英语学习者(刘润清、戴曼纯,2004)。因此,我们在制定或调整外语教育战略时应当借鉴西班牙相关经验,加强外语听力和口语训练,强调语言实际应用能力。国内语言教育专家刘润清和戴曼纯(2004)曾以"社会需要说英语的嘴巴和听英语的耳朵"为题,论述了我国目前英语教育的不足。套用这两位学者的观点,我们也要提出"国际交流需要说外语的嘴巴和听外语的耳朵"。

　　第三,西班牙在此次教改中明确表示了对于语言多样化的支持,不但积极推动第一外语教学,还将第二外语教学列为特定课程,并鼓励学习第三外语。这样的语言战略调整符合全球化语言文化的多元发展,也有利于维护国家文化安全。而在我国,外语教育生态失衡,主要表现为语种规模小、语种结构不合理。根据1999年至2001年进行的"中国语言文字使用情况调查"的统计数据,当时具有初中文化且学过外语的人口中,学习的主要语种和所占比重分别是:英语93.8%、俄语7.07%、日语2.54%、法语0.29%、阿拉伯语0.13%、德语0.13%、西班牙语0.05%、其他0.16%(胡壮麟,2009:9)。从中我们可以看出英语教育在整个外语教育体系中占有绝对优势,这势必导致外语教育的单一性,威胁我国的语言文化安全。李宇明(2008)曾指出:"目前外语教育中'单一外语倾向'不符合我国未来发展的外语战略,虽然这种现象在逐渐改观,但是力度太小,规划不够得力。"因此,我国必须对外语教育政策做进一步的调整,避免单一外语教育影响国家语言教育生态系统的平衡,使外语教育呈现多样性、和谐性以保证文化的多元性并维护国家相关利益。

最后,此次西班牙教改加强了中央政府对于语言教育的决定权并将教育体系中各语言的地位做了重新调整。调整后地位从高到低依次为西班牙语、第一外语、第二外语和自治区官方语言。可以预见,该项教育战略调整有助于维护国家官方语言西班牙语在国内,尤其是在教育体系中的主导地位,并有利于西班牙整合地区优势、以一个整体的形象应对全球化挑战。我国也是一个多民族、多语言的国家,如何处理好各种语言之间的关系,不但关系到各个民族的切身利益,也关系到国家整体的全球化竞争实力。因此,在保障国内各民族语言文字平等权利的同时,我们要继续推广国家通用语教学,将多样性与统一性高度结合,以一个多民族大家庭的统一形象参与全球化竞争。

参考文献:
1. 曹迪,2012,"全球化时代我国的外语教育政策研究"[J],《西安外国语大学学报》(4)。
2. 傅荣、王克非,2008,欧盟语言多元化政策及相关外语教育政策分析[J],《外语教学与研究》(1)。
3. 胡壮麟,2009,中国外语教育六十年有感[J],《中国外语》(5)。
4. 李宇明,2008,当今人类三大语言话题[J],《云南师范大学学报》(哲学社会科学版)(4)。
5. 刘润清、戴曼纯,2004,社会需要说英语的嘴巴和听英语的耳朵[N],《中国教育报》,2004年3月11日。
6. Hamel, R. 2004. Entrevista de Nadia Talamantes con Rainer Enrique Hamel [N] *Reforma*, 7-11-04.
7. Lacorte, M. 2007. *Lingüística Aplicada del Español* [M]. Madrid: Arco Libros.

作者简介: 曹羽菲,上海外国语大学副教授,研究方向:语言政策、汉西对比。电子信箱:yufeielisa@qq.com。

语言国情调查的理论与方法问题[*]

中央民族大学 戴庆厦

摘要：语言国情是一个国家国情的重要组成部分，也是开展语言规划和语言政策制定的前提和基础。本文对语言国情调查的理论意义、应用价值、主要内容等进行了全面的探讨，肯定了开展语言国情调查的重要性，指出了当前的语言国情调查在理论与方法上存在的主要问题。

关键词：语言国情；语言国情研究；语言调查

"语言国情"这一术语（又称"语言使用国情"），是指一个国家内的语言状况。"语言国情调查"是指对一个国家的语言使用情况和使用特点进行科学的、全面的、深入的调查，并得出规律性的认识。

语言国情调查涉及的内容主要有：（1）语言使用情况；（2）语言功能定位；（3）制约语言功能的条件；（4）语言本体特点；（5）不同语言的语言关系；（6）语言功能的演变趋势等。

语言国情是一个国家国情的重要组成部分。一个国家的国情包括多方面的内容，上至民族、人口、资源、经济、文化、教育等状况，下至山川、河流、任务、疾病等具体情况和特点。语言是交流思想、传递信息的工具，又是文化、科学的载体和联络民族感情的媒介。国家的建设和发展以及和谐社会的构建，须臾都离不开语言。因而，语言国情在国情中占有重要的地位。正因为如此，许多国家都重视语言的国情调查，认为政府必须掌握语言的状况。如苏联的人口普查，历年都包含有语言使用情况调查的项目，所以政府对公民掌握语言的语种、数量都有一定了解。

1. 语言国情调查的理论意义和应用价值

语言国情调查既有理论意义又有应用价值。

---

[*] 本文根据《语言调查教程》（戴庆厦著，商务印书馆，2013年）的部分章节改编而成，系国家社会科学基金项目（项目编号：13BYY057）、教育部新世纪优秀人才支持计划（项目编号：NCET－13－0905）、国家语言文字"十二五"重大科研项目（项目编号：ZDA125－10）、国家语委重点项目（项目编号：ZDJ125－1）的阶段性成果。

1.1 语言国情调查的理论价值

语言是人类文化的载体。一个使用共同语言的群体,其现实和历史的每一个实际事件都要依赖语言来表现、来保存、来积累。每一种语言都独特地反映人类对世界的认识和体验,反映使用者的价值观和世界观。所以,每一种语言都可以给我们提供一种认识世界的新视角。正是由于语言是世代相传的,才使得人类的经验得以传承。语言的重要性,决定了语言国情研究的重要性。

语言国情调查对社会科学的理论建设和发展都能提供语言方面的信息。这是因为,语言国情是由一个国家的特点、性质决定的,受这个国家的历史传统和现时生态特点的制约。从语言国情的反观镜中,能够看到语言背后国家的许多特点。

语言国情调查有助于语言学理论的建设。我们知道,语言国情包含着语言共时的和历时的特点,因而其对共时语言学、历时语言学的深入研究都能提供新的认识。比如:语言国情研究中有关语言关系、语言接触的研究,语言功能(包括语言濒危、语言衰退、语言互补等)的研究等,对认识在特定条件下的语言演变,都是必要的,对丰富发展语言演变的理论,都是很有价值的。

不仅如此,语言国情调查还能为人文科学研究提供新的思路。语言国情研究必须把语言学同社会学、民族学、历史学等学科结合在一起,才能深入揭示客体的本体特征。这种交叉学科的研究方法,是一种新的方法,对人文科学的方法论建设能够提供一些新思路、新方法。

语言国情田野调查的方法有成系统的特点,不同于语言的本体结构调查,能为语言调查方法论的建设提供新的养料。

1.2 语言国情调查的应用价值

一个国家的语文方针政策的制定,必须建立在对语言国情科学认识的基础之上,而语言国情调查有助于国家语文方针政策的制定。从这个角度说,语言国情调查是民族语文工作中不可缺少的一个方面。

一个国家的语文方针、政策涉及的内容很多。主要有:(1)国家通用语的规定,语言立法、语言地位的规定;(2)少数民族语言的使用和发展、第二语言教学(包括少数民族学习汉语、中国人学习外语);(3)语言规范、语文现代化等方面的规定;(4)对功能衰退的语言、濒危的语言施行保护等。如果对语言国情的认识出现偏误,或只停留在朦胧状态,那就不能制定出符合客观实际的方针政策。没有科学的、微观的、切合实际的语言使用国情调查,就难以对语言生活有宏观的、整体的估量和把握,也就不可能制定出正确的、有效的对策。

但在过去，我国对许多地方的语言国情长期停留在朦胧的状态，缺乏清晰的量化分析。所谓对语言国情"清晰"的认识，是指要能够说出我国的语言国情究竟处在一种什么状况中。具体地说，某个民族（或某个民族支系）有多少人会民族语，多少人只会汉语，多少人兼用双语或多语，不同语言情况的人在本村、本族人聚居区的所占比例分别是多少，不同民族的人对自己的母语以及其他语言的语言观如何，等等。宏观的，如我国的上百种民族语言中哪些语言生命力旺盛、哪些正在部分衰变、哪些已经濒危。语言使用现状对民族团结、经济发展起到什么样的作用，国家需要制定什么样的政策、措施，才能有利于民族的发展、各民族的团结。

所谓"量化"，就是要用穷尽式的一线调查数据说话。这就要求对所调查的对象做到全面取样，再逐一进行微观的分析描写，从中提取、归纳出规律和认识。如针对每个语言点选择有代表性的村寨、城镇，做好民族情况、人口总数、教育程度、户籍情况等各方面的准备工作之后，逐户走访，进行语言使用情况的微观调查，了解每个家庭各个成员的语言使用情况和语言态度（主要包括第一、第二语言的使用情况及态度，有的地方还需要调查统计第三语言甚至第四语言）。只有掌握了来自一线的数据，才能够真实地显示出群体调查对象的语言使用状况。而且，量化统计不仅能上升到理性认识，还能有效地避免片面性和主观性。进而调查什么语言依然是生命力强盛、代际传承良好；什么语言开始衰变、代际传承链条日益脱节；什么语言已经完全濒危，只在个别村寨有极少数老人仍会使用。这些情况都亟须我们去做实地调查，并用具体的量化调查数据来说明情况、得出结论。

以蒙古族喀卓人的语言使用情况为例。喀卓人主要分布在云南省通海县兴蒙乡，与内蒙古的蒙古族相比，他们在经济、文化、风俗习惯、语言等方面都有了较大的变化，特别是在语言上，他们转用了与彝语支语言相近的喀卓语。只有5 424人的兴蒙乡喀卓人，在强势语言汉语的包围下，全民仍然稳定地使用喀卓语，喀卓语仍是喀卓人日常生活中最重要的交际工具之一。对兴蒙乡六个村民小组的4 980名喀卓人的调查结果显示，有三个村民小组喀卓人的喀卓语熟练使用率是100%，另外三个村民小组的熟练使用率也达到99.8%。调查还显示，兴蒙乡蒙古族是一个全民双语的民族，他们除了使用自己的语言外，还普遍掌握汉语。在统计人口中，除了10人汉语水平是"略懂"外，其他4 000余人都是"熟练"。调查组经分析认为，汉语对喀卓语的稳定保留起到了良好的促进作用。调查组还专门统计分析了喀卓青少年的语言情况，数据证明青少年在母语习得和汉语学习上出现了"错序"，母语习得中有"空档"和"补足"现象。调查组还对喀卓人的语言现状进行了原因分析、前景预测,并提出了自己的建议(戴庆厦,2008)。

2. 语言国情调查的主要内容

　　不同语言的国情是不同的,同一语言在不同时期的国情也是不同的。因而,语言国情调查的内容不能只有一个模式,而应根据不同民族、不同地区、不同时期的特点确定调查的重点,提出不同的要求。下面就以现代化进程中少数民族语言国情调查为例,系统地谈谈语言国情调查的内容。

　　一般说来,语言共时特点主要包括以下三方面内容:一是语言使用状况;二是语言本体特点;三是与语言有关的社会人文背景。新时期民族语言的国情调查,重点应是语言使用状况的调查,语言本体特点调查应侧重在与语言使用状况有关的方面上。

2.1　语言使用状况的调查

　　语言使用状况调查的主要内容,是具体语言在特定社会生活中的活力、功能、地位及与其他语言的互补、竞争关系。具体包括:

　　(1)调查不同年龄段(可分为"老年、中年、青年、少年"四级)、不同职业(工人、农民、干部等)的人,掌握母语的水平(可分为"熟练、一般、差、不懂"四级)。

　　少年儿童的语言状况反映社会的变化最灵敏,往往代表语言功能演变的趋势。因而要特别重视调查少年儿童的语言能力,比较他们与父辈语言能力的差异,揭示代际语言能力的差异。应当注意到,有的民族的儿童第一语言已不是母语,而是汉语,母语成为第二语言。对这种变化的成因应进行调查。

　　(2)调查该语言在不同场合(家庭、村寨、田间、学校、政府机关、集市贸易、医院、劳动生产、婚丧喜庆、宗教等)的使用情况,在媒体中的使用情况(广播、电视、戏曲等)。单一民族家庭和族际婚姻家庭的语言使用情况会有不同,也应列专项进行调查。调查这两类家庭的用语,以及子女的多语情况和语言能力状况等。

　　(3)调查兼语状况。我国的少数民族中,语言兼用现象很普遍。除了兼用汉语外,有的还兼用其他少数民族语言。要调查兼语人的年龄、地区、职业的分布特点,兼语使用的场合,兼语人的母语和兼用语的成因及其条件等。还要调查兼语人使用兼语(当地方言和普通话)的语音系统及词汇、语法的特点。

　　(4)调查语言转用情况。包括语言转用者的年龄、地区、职业的分布特点,以及兼语水平。还要调查转用者使用转用语(当地方言)的语音系统及词汇、语法的特点。调查语言转用的成因及其条件。

（5）调查与周围语言的关系。包括语言地位、语言功能的关系。与周围语言在使用功能上如何实现互补，是否存在竞争，特别要调查与通用语汉语的互补、竞争关系。

（6）调查语言态度。即对母语、兼用语的地位、作用、发展趋势的认识，以及对母语、兼用语的认识。语言态度，因人而异，老年人与青年人不同，工农大众与知识分子不同。还因不同地区、不同方言而异。在调查时，要考虑不同对象的比例。

（7）调查该语言是否出现功能衰退或濒危。从使用人口、使用场合、代际语言能力的变化提取证据，要调查致使语言使用功能衰退或濒危的内外原因。

（8）有文字、文献的民族或地区，还要调查文字的使用情况和文献的保留情况以及民众对文字、文献的态度。

2.2 语言本体特点的调查

对至今尚未调查过的语言或方言，应当在语言使用状况调查的同时，进行语言本体状况的调查，对其语言本体的特点，包括语音、语法、词汇等方面的特点有个大致的认识。当然，如果要对这一语言或方言进行比较深入的调查，则应另立课题。主要包括以下内容：

（1）调查新时期语言的新特点和新规律。主要调查在新时期由于社会的急速变化而产生的语言结构特点的变化。比较明显的是词汇的变化，语音、语法也会有变化。

（2）调查语言的接触关系。在新时期，不同语言的接触会加速，特别是少数民族语言会受到汉语更多的影响。要着力调查少数民族语言受汉语影响的广度和深度，如实地记录源语和目的语两种语言成分在语言影响中的共存并用现象，以及由于语言影响而出现的母语成分泛化或与源语趋同的现象。

（3）要从不同年龄、不同职业、家族内不同辈分等社会语言学角度，研究语言接触的不同层次，探究语言接触的方式、途径及其成因。

（4）调查不同方言语言接触出现的不同特点。如阿昌语有陇川、潞西和梁河三个方言，语言功能存在差异。潞西和陇川两个方言，使用功能相当稳定，语言转用现象不明显，"阿昌语—汉语"双语人占绝大多数。与之迥然不同的梁河方言，其使用功能呈明显下降态势，语言转用现象突出，表现在汉语单语人比例较大。除曩宋乡、九保乡、芒东乡等地的阿昌语保存较好外，其他乡（镇）的阿昌族村寨都存在不同程度的语言转用现象。

2.3 与语言有关的社会人文背景的调查

语言的国情受该语言的社会人文条件的制约。因而,语言国情调查必须调查与语言有关的社会人文背景材料。调查的主要内容有:

(1) 民族分布情况。应详细记录各民族的分布特点,包括聚居和杂居的情况。要有数字和比例。必须有一个直至乡一级的地图。

(2) 人口数字。要有该地区各民族分布的最新数字,最好能够取得村寨各户的人口数字。重点调查点要有村寨各户的家庭成员状况,包括姓名、年龄、文化程度等。

(3) 民族、行政区划的历史沿革。掌握该地区历史上的行政归属,包括地名的更换以及人口的变动,新群体的迁入(迁入时间及迁入原因)。历史上不同民族的迁移状况和分化、融合状况。民族、行政区划的特点,对语言的使用有何影响。

(4) 自然地理特点和交通状况。掌握山川、河流、气候、物产等方面的特点。了解与其邻接、交汇的地区有哪些。了解目前交通状况是否达到村村通公路,还有没有未通公路的。

(5) 经济状态和生活状况。包括人口主要从事哪些生产活动,经济作物有哪些,副业是什么。新中国成立后经济生活有什么重大变化;改革开放后有何新举措。历史上经济形态的变化。目前生活状况如何,人均年收入多少。

(6) 文化教育状况。主要是中小学教育的发展情况和社会扫盲情况。适龄儿童特别是女童的入学状况。文化教育发展中存在的问题,如经费、师资、校舍等方面存在的问题。近期文化教育有何变化,政府有何举措。

(7) 宗教状况。主要信仰什么宗教,宗教的历史沿革,宗教在社会生活中占据的地位,宗教和文化、教育、语言的关系如何。

(8) 民族关系和婚姻的特点。不同民族的关系有何特点,除了和谐的一面外有无不和谐因素。不同民族的通婚状况如何,有何特点。族际婚姻对民族、语言的发展有何影响和制约作用。

2.4 语言关系的调查

在一个多民族、多语言的国家里,构建和谐的民族关系和语言关系至关重要。这是国家能否顺利发展的重要保证。语言关系有各种表现:强势语言与弱势语言的关系;语言竞争与语言互补;语言矛盾与语言和谐等。下面分别论述:

(1) 强势语言与弱势语言

存在于同一社会的不同语言,由于各种内外原因(包括语言内部的或语言外部的,历史的或现实的),其功能是不一致的。有的语言功能强些,有的语言功能弱些。强弱的不同,使语言在使用中自然分为"强势语言"和"弱势语言"。这也是客观存在的事实。多语社会中,语言竞争通常出现在强势语言与弱势语言之间,其关系错综复杂。需要说明的是,使用"强势语言"与"弱势语言"的名称,是为了区分语言功能的大小,属于社会语言学的概念,与语言结构特点差异无关,因而丝毫不含有轻视弱势语言的意味。不同语言的内部结构,各有特点,也各有演变规律,这是由各自语言机制系统的特点决定的,不存在"强势"与"弱势"的差异。

在我国,由于使用的人口多,历史文献多,汉语早已成为各民族语言中的强势语言。汉语的这些条件,使得它成为各民族之间相互交际的语言——通用语。少数民族语言由于人口少,使用范围狭窄,只在相对较小的范围内使用,与汉语相比,是弱势语言。汉语与少数民族语言在使用功能上的竞争是明显的。比如,在中国的各大城市,各民族在一起时只能用汉语来交际,否则各说各的就无法实现交际目的;其他语言就只能退居在家庭内部或同一民族的亲友之间使用。在高等学校,除了少量民族院校和民族语文专业外,一般也都只能用汉语文授课。在一些民族中,或是各民族杂居的地区,少数民族学生的家长有的出现重视汉语、忽视母语的倾向,不愿让自己的子女进民族语文授课的学校,因为他们担心子女以后考大学、找工作、出国留学有困难。在民族地区的一些中小学,民族语和汉语的授课比例中,汉语的比重有逐渐减少的趋势。这些都是语言竞争的表现。语言竞争反映到人的语言观念上,主要是对语言的选择,而语言选择又影响语言的应用。

但"强势"与"弱势"是相对的。汉语是强势语言,是就全国范围而言的。在我国的少数民族地区,不同的少数民族语言,其功能也不相同。其中,使用人口较多、分布较广的少数民族语言是强势语言;使用人口较少、分布较窄的少数民族语言则是弱势语言。其"强势"与"弱势"之分,是就具体地区而言的。如,在我国的新疆,在维吾尔、哈萨克、柯尔克孜等民族杂居的地区,维吾尔语通行最广,是强势语言,其他少数民族语言则是弱势语言。在广西,壮族人口多,与毛南语等相比,壮语是强势语言,一些毛南人会说壮语,甚至转用了壮语。

在一个多民族、多语种的国家,国语通常是这个国家的优势语言。很多国家法律规定国语是全国各民族都必须学习的共同语。国语实际上是各民族的通用语。国语不仅广泛用于社会的各个领域,而且是学校教育的语言工具。国语的地位,决定了它对其他弱势语言具有较强的影响力。兼用国语成为其他少数民族的共同愿望。如泰语是泰国的国语,广泛用于学校、媒体、贸易、公务等场所,在族际交流中,还是不同民族共同交际的语言。据调查,泰国少数民族阿卡族地区从幼儿园到小学六年级都使用标准泰国语授课。阿卡族小学生到了三年级后,听、说、读、写能力有了很大的提高,课堂上教师与学生之间、学生与学生之间的语言交流完全能使用泰语。由于泰语的国语地位,阿卡族人都积极学习泰语,把泰语作为重要的兼用语。在万伟乡,阿卡族人口占全乡人口的60%,绝大部分阿卡人都能兼用泰语。40岁以下的阿卡人都能熟练掌握泰语,其中青少年的泰语水平相对较高,40岁以上的人,泰语能力相对较弱。阿卡语还大量吸收泰语借词来丰富自己。

在一个多民族国家里,各民族语言不仅有强势语言和弱势语言之分,而且在某些少数民族聚居的地区,还有亚强势语言这一等级。如在新疆伊犁哈萨克自治州的伊宁市分布着维吾尔、汉、回、哈萨克、乌孜别克、锡伯、满等十多个民族,通用汉、维吾尔、哈萨克三种语言。汉语是国家的通用语,是强势语言,维吾尔语因其人口最多、使用广泛,是亚强势语言,其他语言都是弱势语言(戴庆厦、王远新,1994)。在四川省凉山彝族自治州的彝族地区,由于彝族人口较多,彝语是亚强势语言,彝语被周围的汉、藏、傈僳、普米等民族的部分人所兼用。如盐源县塘泥村有藏族村民12户,55人,有24%的人能熟练使用彝语,有51%的人略懂彝语,只有25%的人不懂彝语(戴庆厦,2011)。

多民族国家的语言优势地位,会随着国家整体的变化而变化。如哈萨克斯坦共和国,在苏联时期,俄语是国语①,因此境内的哈萨克、乌孜别克、维吾尔等民族都普遍兼用俄语。但在苏联解体后,哈萨克斯坦政府宣布国语改为哈萨克语,哈萨克语的地位得到空前提高,在学校教育和社会用语中加大了哈萨克语的使用,但由于苏联时期长期推行的俄语政策,加上俄语在世界上的重要影响,使得俄语在哈萨克斯坦仍然保持了优势地位。所以,俄语在哈萨克斯坦虽然已不是国语,但与国语哈萨克语有力量抗衡。从发展趋势上看,哈萨克语的优势地位虽然在哈萨克斯坦会有所上升,但也不可能完全取代俄语的作用。

(2)语言竞争与语言和谐

不同的语言共存于一个统一的社会中,相互间既有竞争的一面,也有和谐的一面。语言竞争和语言和谐是什么关系,各有哪些表现,能否做到统一,这是语言国情调查中必须研究的问题。

语言竞争是语言演变的自然法则。因为不同的语言共存于一个社会中,由于特点的不同、功能的差异等因素,相互间必然有相互竞争的语言关系。可以

---

① 本栏目主持人注:苏联时期,官方从未宣布俄语为国语,但俄语实际上发挥着国语的功能。

说,语言竞争是语言关系的产物,是调整语言协调与社会需要的手段。比如,英语在世界上是影响力较大的语言,在一些国家里,与本国语言在使用上存在竞争,例如在菲律宾、马来西亚、新加坡等国,英语是这些国家的官方语言,而这些国家的居民还有自己的母语,二者在语言地位、语言使用范围上存在竞争。我国的各民族语言,由于语言特点、语言功能的差异,在使用中也会存在不同形式的语言竞争。

这里所说的"语言竞争",是指语言功能不同所引起的语言矛盾,这是语言关系在语言演变上反映的自然法则,有别于人为力量制造的"语言扩张"、"语言兼并"或"语言同化"。前者符合语言演变的客观规律,有利于语言向社会需要的方向发展,有着积极的意义;而后者是强制性的,违反语言演变的客观规律,违背民族的意志。

由于语言功能的大小不同,加上不同语言的社会历史条件不同,语言竞争存在不同的走向。语言是社会的交际工具,必须适应社会的需要。能适应社会需要的,就能存在,就能发展;不太适应的,就会发生变化;很不适应的,就会出现功能衰退,甚至走向濒危。

语言竞争主要有以下几种走向。一种走向是互相竞争的语言长期共存,功能上各尽其职,结构上相互补充。在竞争中,各自稳定使用。虽有强弱差异,但弱者有其使用的范围,不可能替代,不致于在竞争中失去地位。我国少数民族语言和汉语的关系多数属于这类。另一种走向是弱势语言在与强势语言的较量中,功能大幅度下降,走向衰退。其表现是:功能衰退的语言只在某些范围内(如家庭内部、亲友之间、小集市上等)使用;部分地区出现语言转用。这类语言可称为衰变语言。如我国的毛南语就属于这一类型。毛南族是分布在我国广西的一个少数民族。据 2000 年人口普查资料显示,总人口为 71 968。但毛南语的使用人口只有 31 000,约占毛南族总人口的 43%,有 57% 的人逐渐转用壮语或汉语。保持母语的毛南族人普遍兼用汉语,并有相当一部分人兼用壮语,这是一个全民双语型和部分三语型的群体。毛南语虽是衰变语言,但还不会濒危,预计会长期使用下去。

还有一种走向是弱势语言在竞争中走向濒危,在使用中完全被强势语言所代替。我国历史上分布在北方的一些语言,如西夏、鲜卑、契丹、女真、龟兹等语言,在语言竞争中消亡了。还有一些语言,目前正处于濒危状态,应引起人们的重视,如赫哲语。赫哲族分布在我国东北地区,是少数民族中人口最少的一个民族,只有 4 245 人(1990 年)。自 20 世纪 30 年代特别是 50 年代以来,由于受到诸多社会文化因素的制约,赫哲语使用人口大幅度下降,目前已进入濒危状态。

据2002年10月的统计材料,赫哲族主要聚居区的街津口乡,会赫哲语的人仅占2.14%,绝大部分都已转用了汉语。造成赫哲语濒危的因素有:人口少,居住分散;渔猎经济,流动性大;族际婚姻比例大;近代汉语文教育全面实施等。在这些因素中,人口少是导致赫哲语濒危的最主要原因。

在竞争中走向濒危的语言还有仙岛语。仙岛人是分布在云南省盈江县中缅边境的一个人群,使用属于藏缅语族的仙岛语。据2002年12月统计,仙岛人只有76人,分布在芒俄寨和芒缅村两地。据老年人回忆,20世纪50年代以前仙岛人的人口比现在多,坚持使用自己的母语,没有出现语言转用,但兼语现象已经出现。50年代以后,随着对外交流的扩大,语言兼用、转用现象不断增多。仙岛语目前的使用情况是:居住在芒俄寨的大部分人已失去母语,转用了汉语;居住在芒缅村的仙岛人,虽然还普遍使用仙岛语,但已普遍兼用景颇语、汉语,大多数是双语人,青少年中有的已转用景颇语。总的看来,仙岛语已处于濒危状态,有被汉语、景颇语取代的趋势。导致仙岛语濒危的因素有族群分化、人口少、社会发展滞后、社会转型、语言接触等,其中最重要的是族群分化。

土家语也面临濒危。土家族分布在我国的湖南、湖北、四川诸省,人口5 704 223人,目前会土家语的人还不到人口总数的3%。即便是保留土家语较好的地区如保靖县仙仁乡,不会土家语的人也已占一半以上,15%的人虽然会一些,但不大使用,只有30%的人还用土家语,但这些人均是兼通汉语的双语人。致使土家语濒危的因素有:长期受到汉族的影响并接受汉语、汉文化教育;在分布上与汉族形成"大杂居、小聚居"的分布局面,处于汉族区对土家族地区的包围之中;改土归流后的社会经济转型;民族意识不强,母语观念淡薄。这些因素导致了土家族语言选择的改变。在上述诸因素中,长期受到汉族的影响并接受汉语、汉文化教育是主要的。

以上几种不同的走向,反映了语言竞争的不同层次。

语言和谐是语言关系中的一种,属于语言功能互补、平等相处的类型,不同于语言冲突等对抗性的语言关系。过去,由于世界各地出现了语言矛盾、语言冲突,引起语言学家的重视,对此做了一些研究,但对语言和谐则研究很少。从整体情况看,在世界的语言关系中,语言冲突所占的比例毕竟是少数,大多数语言的关系是和谐的。因为善良的人们总是希望平等与和谐。研究语言和谐,掌握语言和谐的规律,有助于遏制语言不和谐现象的产生。

我们必须从理论上认清语言竞争与语言和谐的关系。语言和谐与语言竞争既有矛盾,又有统一。有矛盾是说不同的语言在统一社会的交际中,其功能的范围、大小处于不断的竞争之中。竞争之中,既有使用功能上的相互消长,又有相互排斥的一面,甚至会出现语言衰变和语言消亡。有统一是说不同的语言在统一的社会中,虽然存在竞争,但相互间有其不可替代的作用。一种语言只要能生存下去,与别的语言在功能上总是互补的,即不同语言在统一的社会中总是各尽所能,各守其位。世界毕竟是多元社会、多元文化的,预计未来的社会也会如此。一个多彩、多样的社会,总是由大小不同的民族、不同的语言构成的,不会是"清一色"的。多样性是合理的,体现了客观世界的"美"。当然,在现代化进程中,"一体化"是不可避免的,但即便是一体化,也还会存在差异,差异是永恒的。

我国的语言现实可以证明,一个多语言的社会中不同语言的和谐是有可能的。如云南省德宏傣族景颇族自治州,居住着傣、景颇、德昂、阿昌、傈僳等少数民族,各民族都使用自己的语言,而且还普遍兼用汉语,其中不少人能兼用另一少数民族语言。

(3) 语言接触与语言演变

不同语言处在同一地区,必然会产生语言接触关系。而语言接触关系,又必然会导致语言影响,在一定程度上制约语言的演变。语言接触产生的语言影响是符合语言演变规律的,有其积极的作用。在语言调查中要研究语言接触与语言演变的关系。下面通过小陂流苗语的例子来说明语言接触与语言演变的关系。

小陂流苗语是湖南省湘西土家族苗族自治州泸溪县潭溪镇小陂流村苗族说的一种苗语方言,使用人口约 1 600 人。这部分苗族原是土家族,说土家语,大约在 1900 年时开始转用苗语,民族成分也改为苗族。小陂流苗语是语言转用的产物。小陂流苗语由于长期与汉语接触,受到汉语的强烈影响,使得它在许多特点上与汉语趋同,出现了许多不同于其他苗语土语的特点,与其他土语不能通话。小陂流苗语受汉语影响主要有以下几个特点:(1) 汉语成分已经进入小陂流苗语的核心领域,这在词汇、语法上都有体现;(2) 小陂流苗语已进入与汉语逐步趋同的状态,在语音、词汇、语法各个方面,小陂流苗语都大面积地吸收了汉语成分,显现出与汉语趋同的特点,这是语言接触进入深层阶段的特征;(3) 并用、竞争、弱化、泛化是小陂流苗语语言接触的几个特征,这是语言接触过程中新成分确立、旧成分消亡的过渡阶段(戴庆厦等,2005)。

观察、描写语言影响,必须注意通过不同语言接触的材料,探索语言接触中影响语言演变的因素。语言内部因素是很重要的,一般是决定性的,如果没有内部因素的支持,外语影响再大也难以在受语中站住脚。语言外部影响与内部机制在语音、语法、词汇等不同领域存在不同的特点,语言内部因素对语言影响获得的制约也不均等。相对而言,语音、语法受语言内部机制制约的强度比词汇更大一些。

语音的影响主要是使受语增加新的音位、新的结构与模式,以及增加过去未有的语音演变规则。增加新的语音成分是有可能的,但也存在一定的难度。比如,我国许多少数民族语言都没有 f 这个音位,但是与汉语接触后,有的语言增加了这一新音位,而有的语言则始终不吸收,都用 p 或者 ph 来代替。未能吸收的原因是没有形成适合 f 植根的土壤,如维吾尔语就是这样。又如,过去一直以为哈尼语的复合元音 ie、iu、ia、ue、ua 是受汉语借词的影响而产生的,因为只看到这些复合元音主要出现在汉语借词上,而忽视了从哈尼语本身去寻找内部条件,这就未能抓住主要原因。实际上,哈尼语的语音系统中虽然没有复合元音韵母,但有双唇腭化声母和舌面音声母,这两套声母与单元音结合的音节在发音上接近复合元音韵母。此外,哈尼语零声母音节跟在另一音节之后,容易合为一个复合元音音节,如:lu^{31}(够)a^{55}(了)"够了"读为 lua^{35}。因此,哈尼语在汉语借词中使用复合元音韵母,有其内部条件,外部的语言影响使这些复合元音在哈尼语音系中得到巩固和发展。在做调查的时候需要多方面考察。

3. 语言国情调查的理论和方法问题

语言国情调查涉及如何科学地认识一个国家语言生活的特点和演变规律,这当中含有重要的理论和方法。但由于语言国情调查是个新兴的研究领域,前人留下的经验很少,所以在当前蓬勃发展的语言国情调查的形势下,加强语言国情调查理论、方法研究显得十分重要。

3.1 开展语言国情调查理论和方法研究的重要性

一个国家的语言国情是不易认识清楚的,需要有理论、方法的指导。

首先,在共时平面上,语言国情变异复杂,其规律不易理清。拿语言使用的功能来说,它在不同家庭、不同村寨、不同地区、不同年龄、不同人群的表现都不相同,如何进行比较、归纳,没有理论方法的指导是做不好的。过去,对语言使用状况的认识,往往只停留在泛泛的估计上,满足于朦胧的感觉。殊不知,语言使用是一个系统,其影响因子是多方面的,既有内部的,又有外部的,既有主要的,又有次要的,如何进行梳理、筛选,不是一件易事。对语言使用功能,要进行类型的划分,究竟要分几类,标准是什么,跨类的怎么处理,这些都需要理论、方法的指导。

对于语言活力,应当怎样进行科学的解释。过去认为,人口使用少的民族语言在现代化进程中势必走向濒危,但我国许多语言的情况并非如此。如基诺族只有两万多人口,独龙族只有五千多人口,母语都还稳定地使用,并未出现濒危。应当怎样解释?

其次,在历时纵面上,语言国情处于不断的变化中,许多现象需要作出新的解释。比如在语言关系上,会因社会、经济和人口分布的变化而发生变化。母语是第一语言,这是过去公认的通则,但随着国家通用语汉语的广泛普及,有的民族从小就教子女汉语,汉语成为子女的第一语言,而当他们长大一些后,在村子里与小朋友一起玩又学会母语,母语成为他们的第二语言。当今世界,母语的概念应如何确定,它与语言习得的顺序究竟是什么关系,是理论上需要探讨的问题。

再次,在语言关系上,也呈现出复杂的特点。不同语言之间存在多种复杂的关系。既有通用和非通用的关系,又有互补的关系,还有竞争的关系。不同语言之间,既有和谐的一面,又有矛盾的一面。这种种关系,受不同内外条件的制约,并带有不同时代的特点。如何理清不同的语言关系,是语言国情调查的一个重要任务。

汉语是我国不同民族的通用语,相对的少数民族语言则是非通用语。在语言生活中,如何摆好通用语和非通用语之间的关系,在语文教育中,如何摆好二者的比例,过去的经验教训告诉我们,这种关系是不易摆好的。忽视汉语的通用语地位,对少数民族的发展不利;对少数民族母语的作用估计不足,必将伤害民族感情。此外,还有地区的优势语和非优势语的关系,它们之间的关系应当如何摆好。这当中也有理论问题要研究。

3.2 当前亟须研究的理论课题

语言国情研究得好,必须要有理论研究的支撑。从目前情况看,有这样一些理论课题必须加强研究。

(1) 研究语言国情调查的重要性和必要性

语言国情调查研究虽然做了多年,但对其重要性并没有认识清楚。虽然做了多年,但对语言国情与语言传承、文化弘扬、民族和谐、社会安定等的关系并未有深层的认识,还满足于对我国语言使用状况的朦胧感觉和粗略的了解上。许多地方的语文机构还没有把语言国情调查列入自己的工作议程,高校和研究机构也大多没有把语言国情调查列入教学、科学计划中去。

(2) 研究新时期语言国情的新特点及其发展趋势

新时期语言国情的特点是什么,与过去有何不同,至今语言学界尚未认清。现在能看到的是,青少年的母语能力有不同程度的下降,比如传统文学的词汇懂得少了,传统诗歌不会唱了,不常用的词汇说不出了。这些现象怎么看? 是不是就是母语能力下降? 新时期语言国情的发展趋势是不是就是弱小语言被大语言所同化? 大小语言有无和谐互补的一面?

(3) 研究我国的语言关系

多语社会,特别是多语言的统一国家中,语言关系是制约语言生存、发展战略的杠杆。不同语言的语言关系,有其自然生成的一面,但又有可控制的一面。人们可以在认识语言关系所具有的规律的基础上,引导其向有利于人类、社会的方向发展。但对各国的语言关系应如何认识,不是简单的事情。就我国的情况而言,汉语和非汉语的关系应当怎样看,两者是什么关系? 我国的语言关系究竟有哪些特点,其发展趋势又是什么? 这些都需要从理论和实践上进行科学的分析。

(4) 研究我国的语言濒危问题

20世纪80年代以来,经济一体化、信息一体化的进程加快,加上农村人口的流动,许多人口少的民族语言出现衰退,引起一部分语言学家、人类学家、社会学家的恐慌。有人认为,21世纪人类语言中80%以上的语言都会消亡(Lewis, 2009)。一时间,许多国家都出现了"抢救濒危语言"的呼声。但我国的语言濒危情况并非如此严重。语言国情的调查资料显示,我国的许多小语种都还稳定地被使用,并未出现濒危现象。这说明,小语种并不都是脆弱的。

(5) 研究影响语言国情形成及演变的因素

语言国情的影响因素是多方面的。有内部因素,又有外部因素;有现时因素,又有历时因素;有主要原因,又有次要因素;有共性,又有个性,等等。怎样进行理论归纳,是语言国情研究必须思考的问题。

(6) 语言国情调查研究

这些年虽然摸索了一些语言国情调查的方法,如词汇测试法、访谈法、语言能力统计法、入户调查法、多学科综合判断法等,但还很不够。语言现象是复杂的,有表面和深层之分,甚至还会有假象和真相之分,需要调查者做出理性的判断。比如对语言功能的认识,同一社群的人们往往会存在不同的认识。所以调查者在面对各种不同的现象和不同的认识时,必须通过现象的比较和现象的分析获取能够反映语言本质规律的认识。

(7) 语言国情调查新方法的研究

自然科学的发展,为语言研究提供了仪器的辅助。怎样运用现代化手段为语言国情调查研究服务,目前还缺乏经验。

过去半个世纪,我国已经积累了一套传统的语言调查方法。这套方法是有用的,但也有一定的局限性。随着现代科技的发展,新的现代化调查手段要大力引进,以新的技术手段来改进、推动语言国情调查。

(8) 研究培养语言国情调查人才

当前,语言国情调查的人力不足。开展全国性的语言国情调查需要大量的专业人才,但目前我国真正能够胜任此工作的人力还远远不足。语言学专业的研究生到少数民族地区第一线调查时,很多人都不知如何下手,不懂得如何去统计、分析。开始记音时,准确率普遍不高,调查材料不经有经验的专家核对就不能使用。所以在高校和研究机构必须大力培养一批能够胜任语言国情调查的人才,为开展全国性的语言国情调查打好基础。

参考文献

1. 戴庆厦,2008,云南蒙古族喀卓人语言使用现状及其演变[M],北京:商务印书馆。
2. 戴庆厦,2011,四川盐源县各民族的语言和谐[M],北京:商务印书馆。
3. 戴庆厦、王远新,1994,新疆伊宁市双语场的层次分析[J],《语言和民族》(4)。
4. 戴庆厦、杨再彪、余金枝,2005,语言接触与语言演变——以小陂流苗语为例[J],《语言科学》(4)。
5. M. P. Lewis, 2009, *Ethnologue: Language of the World*, Sixteenth Edition, Dallas, TX: SIL International.

作者简介:戴庆厦,中央民族大学教授,博士生导师,中央民族大学"985工程中国少数民族语言文化教育与边疆史地研究哲学社会科学创新基地"基地主任、首席科学家,《汉藏语学报》主编,主要从事汉藏语系藏缅语族语言和社会语言学的教学与研究。电子信箱:daiqingxia111@163.com。

上海市语言文字应用能力
及使用状况调查报告*

华东师范大学外语学院　林元彪　上海市教育科学研究院　张日培
上海市语言文字工作者协会　孙晓先

摘要：本文根据《上海市民语言文字应用能力及使用状况调查问卷》的统计结果，重点分析介绍了上海市民的语言文字能力、使用状况和语言学习情况，并根据被调查者的年龄、学历、职业、居住城区等分布进行了差别分析，既反映了总体情况，又体现了差异性，较为直观地反映了上海市民语言文字应用能力及使用情况。
关键词：语言文字应用能力；语言调查；语言管理

语言文字使用情况是国民社会语言生活的集中体现，属于重要的国情信息。1999年的"中国语言文字使用情况调查"为考察国民社会语言生活状况提供了一个基本框架和一套比较实用的调查方法。但这项调查距今毕竟已经十多年，较之当时，整个国家各方面的基本国情都发生了巨大的变大，上海亦是如此。单就常住人口数量而言，上海现今实有人口已经达到2 433.4万，比1999年增长了61%；其中来沪人口达到982.3万，比1999年增长了190%，人口集聚效应非常明显。因此，即便仅从单纯的统计学意义上看，也已经到了必须重新测量的时间。更重要的是，随着经济、社会的快速发展，语言文字使用情况事实上比以往任何一个时期都复杂，甚至出现了不少以前始料不及的重要考查要素，如在互联网、移动通讯快速普及的背景下，语言文字的信息化处理能力已经成为不可忽视的语言生活要素。

为此，出于对调研的理论意义和时代、地域现实需要的多重考量，本次调查一方面仔细论证、压缩、遴选出1999年调查体系当中最重要的要素，另一方面结合上海当前的具体情况，补充设计了一些全新的考查要素。2013年4月，问卷设计完成之后由上海市语言文字管理委员会组织各区县语委实施，由华东师范大学的工作组完成了数据整理和统计、分析。

本次调查共收回有效问卷2 819份。被调查者的年龄分布情况为：20—29

---

* 本文受到以下项目基金的资助：上海市语委"十二五"科研课题"上海市语言文字应用能力调查"（项目编号：HYW125－A－03）；国家语委"十二五"科研规划项目"提高国民语言应用能力研究"；国家语委"十二五"科研规划重大项目"母语的地位作用及和谐语言政策构建"（项目编号：ZDA125－10）。

岁年龄段708人,30—39岁年龄段1 074人,40—49岁年龄段749人,50—60岁年龄段213人,60岁以上年龄段75人;被调查者男性786人,女性2 033人,学历分布为:博士学历12人,硕士学历239人,本科、大专学历2 302人,高中、中专学历173人,初中及以下学历93人;职业分布为:公务员414人,教师1 388人,编辑记者103人,播音员主持人20人,服务业工作人员762人,务农人员132人;居住地分布为:外环以内1 516人,外环以外城关镇906人,外环以外郊区乡镇农村397人。鉴于调查区分了口头语言和书面语言,编辑记者和播音主持人虽然同属媒体从业人员,也做了相应区分。

1. 语言文字应用能力

本部分调查包含15个项目,分别调查被调查者的普通话水平、普通话水平考级情况、口语表达水平、繁简字认读能力、汉字应用水平考试、汉字书写能力、汉语拼音掌握程度、上海话水平、总体外语学习情况、英语水平、手机短信的使用情况、电子邮件的使用情况、搜索引擎使用情况和文言文阅读情况。

1.1 上海市普通话应用水平的总体及差别分析情况

本次调查的普通话应用水平以语言生活中的实际使用能力为重点,即要求被调查者结合"听众"的反馈作为自评标准,并同时包括了被调查者的口头表达能力。

1.1.1 上海市总体普通话水平及应用能力总体情况

第一,普通话水平方面。"很好"和"较好"两种水平2 532人,占比89.82%。对比1999年的语言调查结果,上海市民的普通话水平取得了长足进步,也说明目前上海市的"推普"工作没有全面铺开的刚性必要。见表1:

表1

	人数	比例(%)
很好,有人夸奖过我的普通话	1 081	38.35
比较好,我能用普通话跟别人讨论很复杂的问题或很麻烦的小事,别人都能听懂我讲话	1 451	51.47
能用,大多数时候别人能听懂我的普通话,但是遇到纠纷或者比较麻烦的情况,别人有时会要求我再讲一遍	234	8.30
不好,在餐馆、超市、菜场这些我经常去的地方,别人经常听不懂我的普通话,我觉得很麻烦	33	1.17
根本不会讲普通话	20	0.71

第二,考级情况。被调查者中取得普通话水平测试"二级甲等"的最多,计1 230人,占比43.6%,但"没考过"的人数比例相对也较多,计824人,占比29.2%。说明普通话考级的社会需求层级不明显,比较集中在二级水平。见表2:

表 2

	一甲	一乙	二甲	二乙	三甲	三乙	不入级	没考过
人数	38	223	1 230	434	54	21	5	824
比例(%)	1.35	7.91	43.63	15.40	1.92	0.74	0.18	29.23

第三,口头表达能力。选择"喜欢发表自己看法且别人愿意听"的558人,占总人数的19.8%,选择"被问到才讲、但能讲清楚"的1 984人,占比70.4%,而"不喜欢说、必须说时会觉得不自在"的277人,占比9.8%。见表3:

表 3

	人　数	百分比(%)
喜欢发表自己的看法,而且大多数人都愿意听	558	19.79
被问到才讲,但不怕且能讲清楚	1 984	70.38
不喜欢发表自己的看法,必须讲时会觉得不自在	277	9.83

1.1.2　差别分析一:不同年龄层次的普通话水平

第一,普通话水平。统计结果显示:50岁是个比较明显的区分界限,而60岁以上人群的普通话水平比较明显地可能会对语言生活带来不便。换言之,在为60岁以上人群提供服务时,方言仍然必要,但总体趋势放缓,预计未来15—20年以后,方言服务基本无刚性需求。见表4:

表 4

	20—29岁(%)	30—39岁(%)	40—49岁(%)	50—60岁(%)	60岁以上(%)
很好,有人夸奖过我的普通话	41.38	44.64	35.11	18.78	6.67
比较好,我能用普通话跟别人讨论很复杂的问题或很麻烦的小事,别人都能听懂我讲话	54.10	49.67	54.07	54.93	17.33
能用,大多数时候别人能听懂我的普通话,但是遇到纠纷或者比较麻烦的情况,别人有时会要求我再讲一遍	4.24	5.13	10.01	19.25	44.00
不好,在餐馆、超市、菜场这些我经常去的地方,别人经常听不懂我的普通话,我觉得很麻烦	0.14	0.47	0.67	4.69	16.00
根本不会讲普通话	0.14	0.09	0.13	2.35	16.00

1.1.3　差别分析二:不同职业人群的普通话水平及应用能力情况

第一,普通话水平。从社会语言学角度看,上海市"语言的阶层标记"存在但不突出,主要表现为务农人群普通话水平与其他行业相比存在明显差距。商业服务人员普通话水平较之1999年有较大进步,但仍有提升空间。见表5:

表5

	公务员(%)	教师(%)	编辑记者(%)	播音主持(%)	服务业(%)	务农(%)
很好,有人夸奖过我的普通话	28.02	47.91	24.27	80.00	28.87	9.85
比较好,我能用普通话跟别人讨论很复杂的问题或很麻烦的小事,别人都能听懂我讲话	63.53	49.21	66.02	20.00	54.20	32.58
能用,大多数时候别人能听懂我的普通话,但是遇到纠纷或者比较麻烦的情况,别人有时会要求我再讲一遍	7.97	2.67	9.71	0	15.35	30.30
不好,在餐馆、超市、菜场这些我经常去的地方,别人经常听不懂我的普通话,我觉得很麻烦	0.48	0.22	0	0	0.79	16.67
根本不会讲普通话	0	0	0	0	0.79	10.61

第二,从参加考级的情况可以看到一条基本规律:考级比较积极的行业普通话水平等级普遍较高,其中播音主持和教师两个群体的普通话考级情况比较理想,而商业服务业和务农人群的考级参与度较低。这也验证了"普通话水平考试社会需求层级不明显"的结论。见表6:

表6

	公务员(%)	教师(%)	编辑记者(%)	播音主持(%)	服务业(%)	务农(%)
一 甲	0.72	0.94	1.94	15.00	1.84	2.27
一 乙	4.83	9.80	13.59	85.00	4.72	0
二 甲	34.30	67.87	28.16	0	14.83	3.03
二 乙	20.29	20.10	11.65	0	7.61	0.76
三 甲	6.04	0.58	0.97	0	2.23	2.27
三 乙	2.66	0	0	0	1.18	0.76
不入级	0	0	0	0	0.39	1.52
没考过	31.16	0.72	43.69	0	67.19	89.39

1.1.4 差别分析三:不同城区人群的普通话水平及应用能力情况

第一,统计显示,普通话水平"很好"的人群分布存在从城市中心区域到郊区、乡村逐渐减少的分布特征,而普通话水平不足的人群分布则呈现出相反的分布特征。普通话水平"比较好"的人群区域分布特征不明显,但往下的三个水平层级存在较为明显的区域指向性。这也验证了"推普"工作没有全面铺开的刚性需求,但存在"点"上的重点。见表7:

表7

	外环以内(%)	外环以外郊区城关镇(%)	外环以外郊区乡镇农村(%)
很好,有人夸奖过我的普通话	45.52	36.00	21.69
比较好,我能用普通话跟别人讨论很复杂的问题或很麻烦的小事,别人都能听懂我讲话	49.09	55.19	51.81
能用,大多数时候别人能听懂我的普通话,但是遇到纠纷或者比较麻烦的情况,别人有时会要求我再讲一遍	5.17	8.01	17.87
不好,在餐馆、超市、菜场这些我经常去的地方,别人经常听不懂我的普通话,我觉得很麻烦	0.07	0.79	5.02
根本不会讲普通话	0.14	0	3.61

与之相对,普通话水平等级考试取得"二甲"人群分布存在从城市中心区域到郊区、乡村逐渐减少的特征;"二乙"成绩的人群分布没有呈现出明显的区域特征;"没考过"的人群呈现从城市中心区域到郊区、乡村逐渐增加的特征。见表8:

表8

	外环以内(%)	外环以外郊区城关镇(%)	外环以外郊区乡镇农村(%)
二 甲	52.73	41.76	20.88
二 乙	17.69	12.53	14.06
三 甲	1.47	1.92	3.21
没考过	18.25	32.51	52.81

1.2 上海市民汉字水平的总体及差别分析情况

本部分从"认"和"写"两个方面考查了被调查者的繁简汉字认、读水平,同时也包括了被调查者的汉字水平考试情况和汉字注音工具的掌握情况。本部分要求被调查者结合他人评价自述,并在选项中嵌入了与该水平相对应的知识性表述。

1.2.1 繁简汉字认、读、写及注音工具掌握的总体情况

第一,繁简字的掌握。选择"可以写繁体字且一般不会写错"的160人,占

比 5.68%。调查默认当前在上海地区能熟练书写繁体字的一定能够书写简体,较之 1999 年"简体字繁体字两种都写"6.04% 的比例和"只写繁体字"的 1.16%,可以认为,当前上海市民认写繁体字能力呈下降趋势。见表 9:

表 9

	人 数	比 例(%)
可以写繁体字,且一般不会写错	160	5.68
能看繁体字的书,但写没有把握	1 207	42.82
只认识一些好认的繁体字,平时看书写字都用简体字	1 369	48.56
只认识一些常用好认的字,平时不看书、不写字	83	2.94

第二,文言文阅读能力。选择"读过一本(含)以上先秦文献"的 347 人,选择"读过一本以上(含)明清小说"的 919 人,两部分总占比 44.9%,不到总人数的一半。我们基本可以得出结论:半数左右的被调查者没有阅读过"四大名著"中的任何一种。见表 10:

表 10

	人 数	比 例(%)
读过一本(含)以上先秦文献	347	12.31
读过一本(含)以上明清小说	919	32.60
只学过课文但感觉不错	997	35.37
只学过课文但感觉很难	428	15.18
没有概念	128	4.54

第三,汉字的书法能力。调查显示,37.5% 的被调查者有过学习书法的尝试,但效果不佳放弃。见表 11:

表 11

	人 数	比 例(%)
经常有人请我帮忙写条幅、春联、挽联等	83	2.9
我参加过书法考级	201	7.1
以前练习过,没什么效果就放弃了	1 056	37.5
没有专门练过	1 479	52.5

第四,汉字注音工具的掌握。45.7% 被调查者选择"懂得声调标注位置的规则",意味着能够很好地掌握汉语拼音,较之 1999 年的 36.42% 有较大进步。而不会汉语拼音的 2.9% 占比较之 1999 年的 40.03% 则有质的飞跃,说明上海近 13 年的汉语拼音推广成绩显著。见表 12:

表 12

	人　数	比　例（%）
我懂得声调标注位置的规则	1 289	45.73
我熟悉声母、韵母、声调这些概念	1 130	40.09
我知道拼音是什么，偶尔会用到一点	318	11.28
我不会汉语拼音	82	2.91

1.2.2 差别分析一：不同年龄阶段的汉字水平情况

第一，繁简字的掌握。总体来看，20—49 岁人群汉字总体认读能力优于 50 岁以上的人群。单就繁体字的水平而言，30—49 岁人群的繁体字掌握水平最低，20—49 岁人群则明显低于 50—60 岁人群，更低于 60 岁以上的人群，说明未来十年上海市民的繁体字总体水平可能有进一步下降的趋势。见表 13：

表 13

	20—29 岁（%）	30—39 岁（%）	40—49 岁（%）	50—60 岁（%）	60 岁以上（%）
可以写繁体字，且一般不会写错	5.65	4.75	4.54	8.45	22.67
能看繁体字的书，但写没有把握	49.44	45.11	39.12	30.99	18.67
只认识一些好认的繁体字，平时看书写字都用简体字	42.94	48.93	54.21	53.05	26.67
只认识一些常用好认的字，平时不看书、不写字	1.98	1.21	2.14	7.51	32.00

第二，文言文阅读能力。各年龄阶段选择"读过一本（含）以上先秦文献或明清小说"的人数占比均未超过 50%，且随着年龄段减小，阅读总量呈下降趋势。而 20—29 岁人群半数以上只通过课堂教学接触了文言文，这也说明这一年龄阶段人群接受的课堂文言文教学未能有效促进其课外文言文阅读。见表 14：

表 14

	20—29 岁（%）	30—39 岁（%）	40—49 岁（%）	50—60 岁（%）	60 岁以上（%）
读过一本（含）以上先秦文献	12.71	11.09	12.82	17.37	6.67
读过一本（含）以上明清小说	30.51	34.39	35.25	28.64	10.67
只学过课文但感觉不错	42.09	36.91	31.64	24.88	17.33
只学过课文但感觉很难	12.99	14.91	17.49	12.21	25.33
没有概念	1.69	2.70	2.80	16.90	40.00

第三，汉字书写能力。50—60 岁人群汉字书写能力最好，30—39 岁人群则

最低,而20—29岁人群参加汉字考级的愿望最强。见表15:

表 15

	20—29 岁 (%)	30—39 岁 (%)	40—49 岁 (%)	50—60 岁 (%)	60 岁以上 (%)
经常有人请我帮忙写条幅、春联、挽联等	2.40	1.96	3.34	7.98	4.00
我参加过书法考级	13.56	5.03	5.07	5.16	2.67
以前练习过,没什么效果放弃了	34.89	39.98	41.39	28.17	13.33
没有专门练过	49.15	53.03	50.20	58.69	80.00

第四,汉语拼音的掌握。总体来看,20—49岁之间人群的汉语拼音水平有绝对的优势,且内部差别不显著。见表16:

表 16

	20—29 岁 (%)	30—39 岁 (%)	40—49 岁 (%)	50—60 岁 (%)	60 岁以上 (%)
我懂得声调标注位置的规则	51.98	49.95	44.33	21.60	9.33
我熟悉声母、韵母、声调这些概念	38.28	41.85	43.93	35.21	6.67
我知道拼音是什么,偶尔会用到一点	9.46	7.83	10.81	29.11	32.00
我不会汉语拼音	0.28	0.37	0.93	14.08	52.00

1.2.3 差别分析二:不同学历人群的汉字应用水平

第一,繁简字的掌握。总体来看,繁简字的掌握程度与学历正相关,学历越高繁简体的掌握水平越高。统计显示,本科大专学历人群的繁体字掌握水平相对最低。见表17:

表 17

	博 士 (%)	硕 士 (%)	本科、大专 (%)	高中、中专 (%)	初中及以下 (%)
可以写繁体字且一般不会写错	16.67	10.46	4.95	7.51	6.45
能看繁体字的书但写没有把握	58.33	52.30	44.27	25.43	12.90
只认识一些好认的繁体字,平时看书写字都用简体字	25.00	36.40	49.57	59.54	37.63
只认识一些常用好认的字,平时不看书、不写字	0	0.84	1.22	7.51	43.01

第二,文言文阅读能力。总体来看,文言文的阅读能力与学历正相关,硕士和博士学历人群的文言文阅读相对比较突出。从课外文言阅读质量来看,高中

中专人群最低,博士学历人群最好。见表18:

表18

	博士(%)	硕士(%)	本科、大专(%)	高中、中专(%)	初中及以下(%)
读过一本(含)以上先秦文献	33.33	20.50	12.29	3.47	5.38
读过一本(含)以上明清小说	33.33	42.26	34.01	12.14	10.75
学过课文,感觉不错	25.00	26.78	37.14	37.57	10.75
学过课文,感觉很难	8.33	10.46	14.42	26.59	25.81
没有概念	0	0	2.13	20.23	47.31

1.2.4 差别分析三:不同职业人群的汉字应用水平

第一,繁简字的掌握能力。繁体字的掌握程度与从事的职业未有明显的相关性,说明繁体字的学习无刚性需求。见表19:

表19

	公务员(%)	教师(%)	编辑记者(%)	播音主持(%)	服务业(%)	务农(%)
可以写繁体字,且一般不会写错	3.86	5.84	6.80	5.00	4.86	13.64
能看繁体字的书,但写没有把握	46.86	48.05	52.43	90.00	32.28	21.21
只认识一些好认的繁体字,平时看书写字都用简体字	47.58	45.53	38.83	5.00	59.06	37.12
只认识一些常用好认的字,平时不看书、不写字	1.69	0.58	1.94	0	3.81	28.03

第二,文言文阅读能力。总体来看,文言文阅读与职业关联不大。见表20:

表20

	公务员(%)	教师(%)	编辑记者(%)	播音主持(%)	服务业(%)	务农(%)
读过一本(含)以上先秦文献	13.29	15.20	12.62	30.00	7.48	3.79
读过一本(含)以上明清小说	30.92	38.83	37.86	45.00	23.62	18.18
学过课文,感觉不错	34.78	33.36	33.98	20.00	41.34	27.27
学过课文,感觉很难	17.39	11.53	15.53	5.00	19.03	25.76
没有概念	3.62	1.08	0	0	8.53	25.00

1.3 上海市民的语言信息化应用水平

本次调查从手机短信、电子邮件和搜索引擎的使用三个方面考察市民的语言文字信息化应用水平。本部分要求被调查者结合实际情况自述,并在部分选项中嵌入了与该水平相对应的知识性表述。

1.3.1 语言信息化应用总体情况

第一,手机短信。选择"需要的时候我可以给别人发短信"的人数达2 606人,占被调查总人数的92.44%。见表21:

表21

	人 数	比 例(%)
需要的时候我可以给别人发短信	2 606	92.44
收到短信我会看,但我不会发短信	122	4.33
我从来不看短信,有事直接打电话	91	3.23

第二,电子邮件。统计数据表明,被调查总人数中90.17%的人选择了"需要的时候我可以给别人发电子邮件"。见表22:

表22

	人 数	比 例(%)
需要的时候我可以给别人发电子邮件	2 542	90.17
需要的时候我会上网看邮件,但我不会发邮件	96	3.41
我没有用过电子邮件	181	6.42

第三,信息检索。选择"我经常使用的搜索引擎有两种以上,我会有意识地选择搜索引擎"的人数最多,占总人数的42.04%,其次为选择"我熟悉检索引擎高级语法,能够准确快捷地搜到我的信息"。见表23:

表23

	人 数	比 例(%)
我熟悉检索引擎高级语法,能够准确快捷地搜到我的信息	973	34.52
我经常使用的搜索引擎有两种以上,我会有意识地选择搜索引擎	1 185	42.04
我经常上网查东西,我不会注意自己在哪个网站上搜	544	19.30
我觉得网上查不到什么有用的,而且很费时间	117	4.15

1.3.2 差别分析一:不同年龄阶段的语言信息化水平

第一,手机短信。调查统计表明,50岁是比较明显的区分界限,50岁以下人群选择"需要的时候我可以给别人发短信"的人数占比均超过了90%,而60岁以上人群该项比例最低,仅为24%。60岁以上人群更倾向于直接打电话而不是看短信。因此,对于60岁以上人群,目前流行的"短信通知"需要谨慎使用。见表24:

表24

	20—29岁(%)	30—39岁(%)	40—49岁(%)	50—60岁(%)	60岁以上(%)
需要的时候我可以给别人发短信	96.89	96.18	94.13	77.00	24.00
收到短信我会看,但我不会发短信	2.12	2.52	4.67	12.68	24.00
我从来不看短信,有事直接打电话	0.99	1.30	1.20	10.33	52.00

第二,电子邮件。20—49岁人群选择"需要的时候我可以给别人发电子邮件"的人数占比均在90%以上,远超50—60岁人群的67.14%和60岁以上人群的13.33%。大多数60岁以上上海市民没有使用过电子邮件。见表25:

表25

	20—29岁(%)	30—39岁(%)	40—49岁(%)	50—60岁(%)	60岁以上(%)
需要的时候我可以给别人发电子邮件	96.33	95.62	90.79	67.14	13.33
需要的时候我会上网看邮件但我不会发邮件	2.26	2.70	4.27	7.98	2.67
我没有用过电子邮件	1.41	1.68	4.94	24.88	84.00

第三,信息检索。选择"我熟悉检索引擎高级语法,能够准确快捷地搜到我的信息"的人数所占比例随年龄的增大呈减小的分布特征。20—29岁人群信息搜索能力最强,而64%的60岁以上人群认为网络搜索没有用。见表26:

表26

	20—29岁(%)	30—39岁(%)	40—49岁(%)	50—60岁(%)	60岁以上(%)
我熟悉检索引擎高级语法,能够准确快捷地搜到我的信息	46.47	38.49	25.37	17.37	5.33
我经常使用的搜索引擎有两种以上,我会有意识地选择搜索引擎	42.94	44.64	44.06	29.58	12.00

续 表

	20—29岁(%)	30—39岁(%)	40—49岁(%)	50—60岁(%)	60岁以上(%)
我经常上网查东西,我不会注意自己在哪个网站上搜	10.17	16.12	28.44	33.33	18.67
我觉得网上查不到什么有用的,而且很费时间	0.42	0.75	2.14	19.72	64.00

1.3.3 差别分析二：不同学历人群的语言信息化水平

第一,手机短信。初中以上学历人群会发短信的人数占比远超初中以下人群。见表27：

表 27

	博士(%)	硕士(%)	本科、大专(%)	高中、中专(%)	初中及以下(%)
需要的时候我可以给别人发短信	83.33	95.40	96.66	71.68	20.43
收到短信我会看,但我不会发短信	16.67	3.35	2.39	16.18	31.18
我从来不看短信,有事直接打电话	0	1.26	0.96	12.14	48.39

第二,电子邮件。高中以上学历人群会使用电子邮件的人数所占比例高于高中及以下学历人群。初中及以下学历人群不会使用电子邮件的人数占比最高,达83.87%。见表28：

表 28

	博士(%)	硕士(%)	本科、大专(%)	高中、中专(%)	初中及以下(%)
需要的时候我可以给别人发电子邮件	83.33	95.82	95.66	52.02	11.83
需要的时候我会上网看邮件,但我不会发邮件	0	2.93	2.82	11.56	4.30
我没有用过电子邮件	16.67	1.26	1.52	36.42	83.87

第三,信息检索。选择"我熟悉检索引擎高级语法,能够准确快捷地搜到我的信息"的人群分布呈现学历由高到低逐步减少的分布特征,而选择"我觉得网上查不到什么有用的,而且很费时间"的人群分布呈现相反的特征。见表29：

表 29

	博士(%)	硕士(%)	本科、大专(%)	高中、中专(%)	初中及以下(%)
我熟悉检索引擎高级语法,能够准确快捷地搜到我的信息	50.00	42.68	36.27	15.03	4.30
我经常使用的搜索引擎有两种以上,我会有意识地选择搜索引擎	16.67	45.19	44.57	26.59	3.23
我经常上网查东西,我不会注意自己在哪个网站上搜	33.33	11.72	18.38	38.15	24.73
我觉得网上查不到什么有用的,而且很费时间	0	0.42	0.78	20.23	67.74

1.3.4 差别分析三：不同城区的语言信息化水平

第一，手机短信。会发送短信的人群分布存在从城市中心到郊区、乡村逐步减少的特征,而不会发短信的人群分布则呈现出相反的特征。见表30：

表 30

	外环以内(%)	外环以外郊区城关镇(%)	外环以外郊区乡镇农村(%)
需要的时候我可以给别人发短信	95.31	95.03	79.52
收到短信我会看,但我不会发短信	3.85	3.05	8.03
我从来不看短信,有事直接打电话	0.84	1.92	12.45

第二，电子邮件。使用电子邮件的人群分布存在从城市中心到郊区、乡村逐步减少的特征,而没有使用过电子邮件的人群分布则呈现相反的特征。见表31：

表 31

	外环以内(%)	外环以外郊区城关镇(%)	外环以外郊区乡镇农村(%)
需要的时候我可以给别人发电子邮件	95.10	91.99	72.69
需要的时候我会上网看邮件,但我不会发邮件	2.94	3.72	4.22
我没有用过电子邮件	1.96	4.29	23.09

第三,信息检索。选择"我熟悉检索引擎高级语法,能够准确快捷地搜到我的信息"和"我经常使用的搜索引擎有两种以上,我会有意识地选择搜索引擎"的人群分布存在从城市中心到郊区、乡村逐步减少的分布特征,而认为网络搜索没有作用的人群分布则呈现出相反的分布特征。说明上海市民信息检索能力呈现从城市中心区域到郊区、乡村逐步下降的分布特征。见表32:

表 32

	外环以内（%）	外环以外郊区城关镇（%）	外环以外郊区乡镇农村（%）
我熟悉检索引擎高级语法,能够准确快捷地搜到我的信息	38.32	31.83	28.31
我经常使用的搜索引擎有两种以上,我会有意识地选择搜索引擎	44.13	43.68	33.13
我经常上网查东西,我不会注意自己在哪个网站上搜	15.73	23.02	22.89
我觉得网上查不到什么有用的,而且很费时间	1.82	1.47	15.66

2. 语言文字使用状况

本部分包含七个项目,分别调查被调查者的工作环境语言使用情况、家庭内部和家庭以外日常生活环境语言使用情况、正式场合口头语言选择倾向、阅读语言使用倾向、输入法使用倾向和书信使用倾向。

2.1 上海市民工作环境的语言文字使用状况

2.1.1 总体情况

工作环境中的语言文字使用情况。选择"普通话为主"的人数最多,占被调查总人数的71.66%,选择"上海话为主"和"普通话和方言差不多"的分别占比15.57%和10.96%。对照1999年的语言调查结果可知,上海市民在工作环境使用普通话的人数上升明显,与此同时,使用方言的人数明显下降。见表33:

表 33

	人　数	比　例(%)
普通话为主	2 020	71.66
上海话为主	439	15.57

续表

	人数	比例(%)
其他方言为主	39	1.38
普通话和方言差不多	309	10.96
英语为主	6	0.21
其他外语为主	2	0.07
普通话和外语差不多	4	0.14

2.1.2 差别分析一：不同年龄段人群的工作环境语言文字使用情况

工作环境语言文字使用情况。统计结果显示，50岁是比较明显的区分界限，50岁以下人群在工作环境使用普通话的人数占比均在70%以上，明显高于50岁以上人群的比例。而50岁以上人群中选择"上海话为主"的人数所占比例远高于50岁以下人群。见表34：

表34

	20—29岁(%)	30—39岁(%)	40—49岁(%)	50—60岁(%)	60岁以上(%)
普通话为主	74.15	77.26	74.50	44.13	18.67
上海话为主	11.02	10.25	16.15	40.85	57.33
其他方言为主	0.56	1.21	1.07	2.82	10.67
普通话和方言差不多	13.84	11.09	7.61	11.27	13.33
英语为主	0	0.19	0.53	0	0
其他外语为主	0.14	0	0	0.47	0
普通话和外语差不多	0.28	0	0.13	0.47	0

2.1.3 差别分析二：不同职业人群的工作环境语言文字使用情况

工作环境语言文字使用情况。调查统计显示，播音员主持人和教师人群选择"普通话为主"的比例最高，分别为94.38%和95%，编辑记者和公务员人群该比例也均高于50%。公务员人群选择"上海话为主"和"普通话和方言差不多"的人数分别占比25.60%和16.18%，对照本报告"1.1.3 差别分析二：不同职业人群的普通话水平及应用能力"的数据，可以说明，公务员人群在工作环境中有使用方言的刚性需求。服务业人群选择"普通话为主"的人数占比不足50%，选择"上海话为主"和"普通话和方言差不多"的人数在各人群中占比也比较高，分别为27.03%和22.97%。见表35：

表35

	公务员(%)	教师(%)	编辑记者(%)	播音主持(%)	服务业(%)	务农(%)
普通话为主	57.49	94.38	65.05	95.00	47.51	18.18
上海话为主	25.60	2.59	15.53	0	27.03	56.82
其他方言为主	0.72	0.43	0.97	0	2.23	9.09
普通话和方言差不多	16.18	2.09	18.45	5.00	22.97	13.64
英语为主	0	0.36	0	0	0	0.76
其他外语为主	0	0	0	0	0.13	0.76
普通话和外语差不多	0	0.14	0	0	0.13	0.76

2.1.4 差别分析三：不同城区的工作环境语言文字使用情况

工作环境语言文字使用情况。选择"普通话为主"的人群分布呈现出从城市中心区域到郊区、乡村逐渐减少的分布特征，而选择"上海话为主""其他方言为主"和"普通话和方言差不多"的三类人群则呈现出相反的分布特征。其他选项人群区域分布特征不明显。见表36：

表36

	外环以内(%)	外环以外郊区城关镇(%)	外环以外郊区乡镇农村(%)
普通话为主	80.70	69.98	48.59
上海话为主	11.33	15.24	28.51
其他方言为主	0.28	0.45	6.22
普通话和方言差不多	7.13	14.33	15.86
英语为主	0.35	0	0.20
其他外语为主	0.07	0	0.20
普通话和外语差不多	0.14	0	0.40

2.2 日常生活环境的语言文字使用状况

2.2.1 总体情况

第一，家庭内部。调查结果显示，在日常生活环境中，使用上海话的人数占被调查总人数的64.35%，远远高于使用普通话的25.08%和使用其他方言的10.25%，说明上海市民家庭内部用语仍以上海话为主。见表37：

表37

	人数	比例(%)
普通话	707	25.08
上海话	1 814	64.35

续 表

	人 数	比 例(%)
其他方言	289	10.25
英语	6	0.21
其他外语	3	0.11

第二,家庭以外。日常生活环境中,使用普通话的人数最多,占比47.14%,高于上海话的38.21%。同时使用普通话和方言的人占比12.31%。说明上海市民在家庭以外的日常生活环境中的用语以普通话为主。见表38:

表 38

	人 数	比 例(%)
普通话为主	1 329	47.14
上海话为主	1 077	38.21
其他方言为主	64	2.27
普通话和方言差不多	347	12.31
英语为主	1	0.04
其他外语为主	1	0.04
普通话和外语差不多	0	0

2.2.2 差别分析一:不同年龄阶段的日常生活语言使用情况

第一,家庭内部。各年龄段选择"上海话"的人数占比均超过60%,其中60岁以上人群的该项比例高达"88.00%"。各年龄段选择"普通话"的人数也以60岁为区分界限,20—60岁人群该项比例在20%以上,而60岁以上人群该项比例仅为"1.33%"。见表39:

表 39

	20—29 岁(%)	30—39 岁(%)	40—49 岁(%)	50—60 岁(%)	60 岁以上(%)
普通话	23.45	29.26	23.63	22.54	1.33
上海话	60.31	61.04	69.16	69.48	88.00
其他方言	15.68	9.32	7.21	7.51	10.67
英语	0.28	0.28	0	0.47	0
其他外语	0.28	0.09	0	0	0

第二,家庭以外。选择"普通话为主"的人群分布存在随年龄增大逐步减少的分布特征,而选择"上海话为主"和"其他方言为主"的人群则存在相反的分布

特征。选择其他选项的人群分布特征不明显。见表40：

表40

	20—29岁（％）	30—39岁（％）	40—49岁（％）	50—60岁（％）	60岁以上（％）
普通话为主	55.23	51.54	41.26	32.86	6.67
上海话为主	29.52	33.27	45.93	50.70	78.67
其他方言为主	1.13	2.24	2.27	3.29	10.67
普通话和方言差不多	13.98	12.95	10.41	13.15	4.00
英语为主	0	0	0.13	0	0
其他外语为主	0.14	0	0	0	0
普通话和外语差不多	0	0	0	0	0

2.2.3 差别分析二：不同学历人群的日常生活语言使用情况

第一，家庭内部。除硕士学历人群外，其他学历人群在家使用上海话的比例均高于使用普通话的比例。我们推测这与上海市的落户政策有关，硕士学习的外地人群落户上海的现实可能性较大，从而推高了硕士学历人群家庭内部使用普通话的比例。见表41：

表41

	博士（％）	硕士（％）	本科、大专（％）	高中、中专（％）	初中及以下（％）
普通话	33.33	45.19	24.07	17.92	10.75
上海话	50.00	28.87	66.99	75.72	70.97
其他方言	8.33	25.52	8.64	6.36	18.28
英语	8.33	0.42	0.17	0	0
其他外语	0	0	0.13	0	0

第二，家庭以外。高中以上学历人群选择"普通话为主"的人数所占比例均高于选择"上海话为主"，而高中及以下学历人群选择"上海话为主"的人数多于选择"普通话为主"的人数。初中以下学历人群使用其他方言的人数占比明显高于其他学历人群。见表42：

表42

	博士（％）	硕士（％）	本科、大专（％）	高中、中专（％）	初中及以下（％）
普通话为主	58.33	66.11	47.78	28.32	16.13
上海话为主	16.67	19.67	38.05	54.34	62.37
其他方言为主	8.33	1.67	1.87	1.16	15.05

续 表

	博士(%)	硕士(%)	本科、大专(%)	高中、中专(%)	初中及以下(%)
普通话和方言差不多	16.67	12.55	12.29	15.03	6.45
英语为主	0	0	0	0.58	0
其他外语为主	0	0	0	0.58	0
普通话和外语差不多	0	0	0	0	0

2.2.4 差别分析三：不同城区的日常生活语言使用情况

第一，家庭内部。城市中心区域及郊区选择使用普通话的人数占比明显高于乡村地区，而选择使用上海话的人群占比则城市中心区域明显高于郊区及乡村地区。选择"其他方言"的人群分布存在从城市中心区域到郊区、乡村逐步减少的分布特征。同时，各区域人群选择使用上海话的人数占比均超过了60%，远高于普通话的比例。见表43：

表 43

	外环以内(%)	外环以外郊区城关镇(%)	外环以外郊区乡镇农村(%)
普通话	25.66	26.52	20.68
上海话	67.90	61.29	60.04
其他方言	6.01	12.08	18.88
英语	0.28	0	0.40
其他外语	0.14	0.11	0

第二，家庭以外。各城区人群的语言选择未表现出明显差别。见表44：

表 44

	外环以内(%)	外环以外郊区城关镇(%)	外环以外郊区乡镇农村(%)
普通话为主	47.97	49.10	40.96
上海话为主	43.43	31.94	34.74
其他方言为主	0.21	2.03	8.63
普通话和方言差不多	8.32	16.93	15.46
英语为主	0	0	0.20
其他外语为主	0.07	0	0
普通话和外语都用到	0	0	0

2.3 语言文字使用的选择倾向

第一，正式场合下的口头语言使用倾向。选择"普通话"的占比85.49%，远高于选择"上海话"的13.34%。侧面验证了上海市民的普通话普及水平,以及市民的语言规范意识。见表45：

表 45

	人 数	比 例(%)
普通话	2 410	85.49
上海话	376	13.34
其他方言	28	0.99
英语	3	0.11
其他外语	2	0.07

第二,阅读语言使用倾向。汉语是绝大多数上海市民的阅读语言,选择"汉语"的人数占被调查总人数的98.12%,选择"英语"和"其他外语"的则仅有1.45%和0.43%。考虑到本次调查涉及的本科以上学历人群总数,上海市民自由阅读的语种选择仍相当单一。见表46：

表 46

	汉 语	英 语	其他外语
人 数	2 766	41	12
比 例(%)	98.12	1.45	0.43

2.4 语言文字的信息化处理方式
2.4.1 总体情况

第一,输入法使用情况。使用"拼音输入法"的人数最多,2 372人占比84.18%,说明大多数上海市民能使用拼音这一汉字注音工具处理文字信息。见表47：

表 47

	人 数	比 例(%)
拼音输入法	2 373	84.18
笔画输入法(键盘式)	118	4.19
五笔字型输入法	160	5.68
手写输入(用手写版)	168	5.96

第二,书信、明信片使用情况。调查结果显示,经常使用书信、明信片的人数在被调查总人数中仅占7.13%。人数最少,65.95%的人偶尔会使用书信和明信片,而从不使用的人则达26.92%,高于经常使用的人。见表48：

表 48

	经 常	偶 尔	从 不
人　数	201	1 859	759
比　例（%）	7.13	65.95	26.92

2.4.2 差别分析一：不同年龄段的语言文字的信息化处理方式

输入法的使用情况。60 岁以上人群选择"手写输入（用手写版）"的人数占比达 70.67%，远高于其他年龄段人群。见表 49：

表 49

	20—29 岁（%）	30—39 岁（%）	40—49 岁（%）	50—60 岁（%）	60 岁以上（%）
拼音输入法	93.50	89.00	82.38	57.75	20.00
笔画输入法（键盘式）	2.97	3.91	3.74	9.86	8.00
五笔字型输入法	2.82	4.57	7.61	15.49	1.33
手写输入（用手写版）	0.71	2.52	6.28	16.90	70.67

2.4.3 差别分析二：不同城区的语言文字的信息化处理方式

输入法的使用情况。选择"拼音输入法"的人群分布呈现从城市中心区域到郊区、乡村逐步减少的分布特征，但乡村地区该比例明显低于城市中心区域和郊区，乡村地区人群选择"手写输入（用手写版）"明显高于其他两个区域。见表 50：

表 50

	外环以内（%）	外环以外郊区城关镇（%）	外环以外郊区乡镇农村（%）
拼音输入法	89.02	84.76	69.08
笔画输入法（键盘式）	3.15	5.30	5.22
五笔字型输入法	4.41	6.55	7.83
手写输入（用手写版）	3.43	3.39	17.87

3. 语言学习情况和观点

本部分包含七个项目，分别调查被调查者的汉语言文字学习情况、英语学习情况、关于幼儿园阶段学习上海话的观点、关于中小学生学习毛笔字的观点、关于中小学生口头表达能力培养的观点、关于学生学习繁体字的观点、关于英语学习起点年龄的观点。

3.1 汉语言文字的学习情况

选择从小学阶段开始学习拼音、写字的人数最多，占总人数的 72.61%；

选择"幼儿园甚至更早"的占24.80%;选择"自学及其他"的占2.59%。见表51：

表 51

	人 数	比 例(%)
幼儿园甚至更早	699	24.80
小学	2 047	72.61
自学及其他	73	2.59

3.2 英语学习情况

3.2.1 总体情况

选择"小学"的人数最多,占总人数的69.42%,其次为"初中",占21.36%,选择"幼儿园甚至更早"的占比5.14%。见表52：

表 52

	人 数	比 例(%)
幼儿园甚至更早	145	5.14
小学	1 957	69.42
初中	602	21.36
自学及其他	115	4.08

3.2.2 差别分析一：不同城区人群英语学习情况

统计结果表明,各区域人群选择"小学"的人数占比均最高,但外环以外乡村地区该比例明显低于城市中心地区和郊区。在"外环以外郊区乡镇农村"地区在初中以后或以自学方式学习英语的人数比例明显高于外环及外环以外郊区城关镇。说明乡村地区英语教学仍有发展空间。见表53：

表 53

	外环以内（%）	外环以外郊区城关镇（%）	外环以外郊区乡镇农村（%）
幼儿园甚至更早	5.59	4.63	4.62
小学	70.00	73.59	60.44
初中	21.75	20.20	22.29
自学及其他	2.66	1.58	12.65

3.3 关于幼儿园阶段学习上海话的观点

选择"很好,应该学"的占被调查总人数的52.86%,选择"还行,但不能太急"的占比39.73%,说明大多数上海市民对学习上海话持支持态度。见表54：

表 54

	人　数	比　例(%)
不好,加重了孩子负担	209	7.41
还行,但不能太急	1 120	39.73
很好,应该学	1 490	52.86

3.4 关于中小学生学习毛笔字的观点

选择"要认真学"的人数占比53.81%,超过了一半,而选择"学一点可以"态度的人数占到了被调查总人数的42.82%,仅有3.37%的人认为没有必要,说明在中小学开展汉字书写美术教学的空间很大,受到绝大多数人的肯定。见表55:

表 55

	要认真学	学一点可以	没必要
人　数	1 517	1 207	95
比　例(%)	53.81	42.82	3.37

3.5 关于中小学生口头表达能力培养的观点

关于中小学生口头表达能力培养的总体观点。认为"很有必要"的人数很多,占全部被调查人数的71.02%,选择"可以试试"的人数也较多,占比26.04%,说明口头表达能力培养的社会需求较大。见表56:

表 56

	很有必要	可以试试	不必要
人　数	2 002	734	83
比　例(%)	71.02	26.04	2.94

3.6 关于学生学习繁体字的观点

3.6.1 总体情况

选择"可以尝试"的人数占比51.05%,选择"有必要"的占比35.05%,认为"无必要"的占比13.91%。说明加强繁体字认读能力的阻力不大。见表57:

表 57

	有必要	可以尝试	无必要
人　数	988	1 439	392
比　例(%)	35.05	51.05	13.91

3.6.2 差别分析一:不同职业人群对学生学习繁体字的观点

在各职业人群中,教师选择"有必要"的人数所占比例最低,为30.12%,不仅低于其他职业人群,也低于总体情况,这一现象的产生缘由值得继续深入调研。服务业从业人员选择"无必要"的比例最高。见表58：

表58

	公务员（%）	教师（%）	编辑记者（%）	播音主持（%）	服务业（%）	务农（%）
有必要	40.58	30.12	58.25	70.00	36.09	40.15
可以尝试	47.83	55.91	37.86	20.00	47.77	43.94
无必要	11.59	13.98	3.88	10.00	16.14	15.91

3.6.3 差别分析二：不同年龄段人群对学生学习繁体字的观点

40—49岁人群选择"有必要"的比例最低，选择"无必要"的比例最高，说明40—49岁人群对繁体字的认同度最低，这一现象的产生值得继续深入调研。60岁以上人群和20—29岁人群选择"有必要"的比例较高，分别为44.00%和42.23%，均高于总体水平，选择"无必要"的比例也低于其他年龄段。见表59：

表59

	20—29岁（%）	30—39岁（%）	40—49岁（%）	50—60岁（%）	60岁以上（%）
有必要	42.23	33.64	29.51	34.74	44.00
可以尝试	48.16	51.91	53.81	49.30	42.67
无必要	9.60	14.45	16.69	15.96	13.33

3.7 关于英语学习起点年龄的观点

3.7.1 总体情况

选择"小学一年级"的人数占全部调查人数的35.86%，选择"幼儿园甚至更早"和"小学四年级"的人数基本持平，分别占比27.49%和27.14%，选择"初中"的占比9.51%。说明大多数上海市民认为英语学习应在初中前开始。见表60：

表60

	幼儿园甚至更早	小学一年级	小学四年级	初中
人数	775	1 011	765	268
比例(%)	27.49	35.86	27.14	9.51

3.7.2 差别分析一：不同职业人群关于英语学习起点年龄的观点

教师人群选择"幼儿园甚至更早"的最低，最支持"小学四年级"开始学英文，选择"初中"开始的比例也高于其他各职业。说明教师可能更倾向于在学生母语能力达到一定程度后，再开展外语教学。见表61：

表 61

	公务员(%)	教师(%)	编辑记者(%)	播音员主持人(%)	服务业(%)	务农(%)
幼儿园甚至更早	33.09	19.96	38.83	40.00	34.51	37.88
小学一年级	37.92	32.56	29.13	25.00	40.68	43.18
小学四年级	22.71	34.15	25.24	30.00	18.90	15.91
初中	6.28	13.33	6.80	5.00	5.91	3.03

3.7.3 差别分析二：不同年龄段人群关于英语学习起点年龄的观点

总体来看，支持"小学一年级"开始学英语的人数最多。而"学英语越早越好"的观点在60岁以上人群中最普遍，40—49岁人群对此观点则有较多不同看法，这两个年龄阶段的态度差异值得注意。见表62：

表 62

	20—29岁(%)	30—39岁(%)	40—49岁(%)	50—60岁(%)	60岁以上(%)
幼儿园甚至更早	30.23	28.98	22.16	28.17	30.67
小学一年级	40.82	33.18	32.98	36.15	56.00
小学四年级	23.16	27.21	32.98	24.88	12.00
初中	5.79	10.62	11.88	10.80	1.33

3.7.4 差别分析三：不同学历人群关于英语学习起点年龄的观点

总体来看，高学历人群对"学英语越早越好"的看法认同度低于高中以下学历人群。博士学历人群选择"幼儿园甚至更早"的人数占比最低，为16.67%，但选择"小学一年级"的比例最高，达58.33%。本科大专、硕士学历人群对"小学四年级"开始学英文的支持率最高。见表63：

表 63

	博士(%)	硕士(%)	本科、大专(%)	高中、中专(%)	初中及以下(%)
幼儿园甚至更早	16.67	30.13	26.67	33.53	31.18
小学一年级	58.33	30.13	35.32	41.04	51.61
小学四年级	16.67	28.45	27.93	21.39	16.13
初中	8.33	11.30	10.08	4.05	1.08

4. 结语

根据分析可以看出：上海市民普通话水平较之1999年进步明显，总体水平相对较高，且普通话水平与被调查者年龄、职业及居住城区具有一定关联性。汉字水平方面,上海市民汉字注音工具掌握得较好,但繁体字认写能力呈下降趋势,文言文阅读和汉字书法能力有较大提升空间。在语言信息化应用方面,上海市民整体水平较佳,九成以上被调查者能使用手机短信和电子邮件,但信息检索能力仍有上升空间,上海市民的语言信息化水平与年龄、职业和居住城区具有较大关联性。

在语言文字使用方面,上海市民在工作场合和家庭以外的生活环境中,以使用普通话为主,而家庭内部则使用上海话的比重更高,正式场合中,绝大多数被调查者倾向使用普通话;输入法的使用方面,多数被调查者倾向于使用"拼音输入法"。这从侧面反映出上海市的普通话及汉语拼音普及推广工作开展得较好。

语言学习方面,上海市汉语言文字教学有序开展,英语教学开展状态良好,但乡村地区英语教学仍有上升空间。多数市民对上海话比较重视,支持上海话的推广。同时,多数上海市民对提高汉字书法能力、口头表达能力、繁体字认读能力也持赞成态度。英语学习方面,多数上海市民认为英语学习应在初中前开始,而高学历人群对"学英语越早越好"的看法认同度低于高中以下学历人群,被调查的教师中,多数也倾向于在学生母语能力达到一定程度后,再开展外语教学,这一现象值得关注。

总体而言,上海市民语言文字应用能力较强,普通话和汉语拼音使用广泛,方言的使用也还存在一定需求。上海市民对语言文字学习也较为重视,语言文字教学具有较好的社会环境。

作者简介:林元彪,博士,华东师范大学外语学院讲师,主要从事翻译研究和社会语言学研究,电子信箱:yuanbiaolin@126.com;张日培,硕士,上海市教育科学研究院高等教育研究所副所长、国家语言文字政策研究中心副主任,主要从事语言政策研究,电子信箱:zhangripei@126.com;孙晓先,上海市语言文字工作者协会副会长,主要从事语言政策研究,电子信箱:sunxiaoxian50@126.com。

2013年国际语言政策研究动态

[挪威]卑尔根大学/上海外国语大学　赵守辉

1. 引言

　　本文选取我们认为比较集中发表语言规划与政策领域学术文章的五家海外期刊进行综述，以考察其在过去的2013年所表现出来的语言政策研究的基本趋势和特点。这五本期刊为（以创刊时间为序）：1.《国际语言社会学杂志》(*International Journal of the Sociology of Language*，简称IJSL)；2.《语言问题和语言规划》(*Language Problems & Language Planning*，简称LPLP)；3.《多语及多元文化发展杂志》(*Journal of Multilingual and Multicultural Development*，简称JMMD)；4.《语言规划中的现时问题》(*Current Issues in Language Planning*，简称CILP)；5.《语言政策》(*Language Policy*，简称LP)。

　　之所以选择这五本期刊，除了他们的国际影响和地位[①]，最主要的是，这五本期刊都由语言规划和政策研究领域公认具有特殊贡献的权威学者所创办并（曾）担任主编，他们以促进该学科建设和发展为己任，专业发表（而非偶尔为之）这一领域最前沿的学术研究成果。主编们多年坚持不懈的努力，使它们对该学科的发展做出了不可替代的贡献，这五本期刊完全可以代表语言规划与政策研究领域的学术水平及未来发展趋势。

　　虽然如此，我们另一方面也承认，由于语言规划与政策研究属于新兴交叉学科，它关涉的学科和覆盖范围具有开放性，可以说社会和人文领域各个分支学科对这一领域都常常有所涉及，特别是众多的教育、社会学、交流沟通(communication)、政治、民族、人类学、宗教、地理、历史、管理、心理学等学科的专业期刊，都发表过本领域的文章，更不用说语言学领域其他相关学科的期刊。所以我们选择时特别强调这五家期刊的专业性和内

[①] 我们选择的主要根据，是对其国际声誉的判断及其在语言规划与政策领域的历史地位。此外，我们强调期刊的国际性，故不考虑某一地区、某一国家或某一专业学会的会刊。

部同质性①。

此外,在选择期刊时,不可避免地涉及语言规划与政策研究的定义问题。语言政策研究发展自语言规划实践,只有半个世纪的历史,加之学科的交叉性,语言政策研究的归属和定义历来是一个复杂而又有争议的问题,例如刘海涛曾分析过30种定义②。其中最棘手的难题就是如何与传统社会语言学切割。比较简单的理解是二者研究内容的不同,以费什曼(J. A. Fishman)为代表的语言社会学关注语言在社会中的使用和地位,而传统的以拉波夫(W. Labov)为代表的社会语言学重在揭示社会在语言中的反映及对语言的影响。用加西亚(O. R. García)等学者的话说,一个是语言在社会中,一个是社会在语言中③。游汝杰和邹嘉彦也曾指出,"语言社会学"是从语言的角度研究社会,"社会语言学"是从社会的角度研究语言④。当然任何学科的区分都存在灰色地带,这种不得已的区分是为了研究的方便。我们这里将语言社会学,即对语言规划和政策的研究,定义为"对公共语言政策(主要指语言教学和规范)和个人语言选择社会结果的研究"。

本文先对期刊的基本情况作简单介绍,然后列出2013年度刊载的文章名,再对该刊文章进行总体归纳。为节省篇幅,对于特刊,因为已经具有明确的主题,具体文章便不一一列出,只给出特刊总的标题。大部分文章标题的翻译为求准确,参考了文章正文的内容。但因为内容与我们的分类有交叉,进行内容分析时是针对文章的具体内容的。

2. 期刊简介及刊发文章目录⑤

2.1 《国际语言社会学杂志》

该刊为此领域最有影响的学者费什曼教授创办于1974年,也是该领域的首家正式学术期刊。费什曼亲自担任主编至今,副主编为加西亚教授。该刊由一

---

① 约翰森(D. C. Johnson)(2013)最近出版的《语言政策》(London: Palgrave Macmillan, 265–266.)一书的末尾,附有一个语言规划与政策类(简称LPP)期刊目录,只列出了 Current Issues in Language Planning, Language Policy 与 Language Problems & Language Planning 三家,本文所选的其他两本刊物,列入时常发表语言规划与政策类期刊类。

② 刘海涛,"语言规划和语言政策——从定义变迁看学科发展",载陈章太等主编《语言规划的理论和实践》[M],第55—60页,北京:语文出版社,2006。

③ García, O., R. Peltz & H. Schiffman (2006. eds.). Language Loyalty. Continuity and Change: Joshua A. Fishman's Contributions to International Sociolinguistics. Clevedon: Multilingual Matters (p. 10).

④ 游汝杰、邹嘉彦,社会语言学教程[M],第10页,上海:复旦大学出版社,2004。

⑤ 本文先对期刊的基本情况作简单介绍,然后列出2013年度刊载的文章名,再对该刊文章进行总体归纳。为节省篇幅,对于特刊,因为已经具有明确的主题,具体文章便不一一列出,只给出特刊总的标题。大部分文章标题的翻译为求准确,参考了文章正文的内容。但因为内容与我们的分类有交叉,进行内容分析时是针对文章的具体内容的。

直热情支持并推动该学科成长的沃尔特·德古意特(Walter de Gruyter)出版公司出版。该刊现在为双月刊,除英语外,也接受法、西、德等语言投稿。与其他几本相比,该刊支持发表非英语文章,在语言多元化方面基本做到了言行一致,此外,其编委会成员的选择也刻意做到世界各地区的平衡。该刊现在改为特刊形式为主,每年一般只有一期发表自由投稿(single article),并专门发表一篇与濒危语言或边缘小语种(后改称"小语种与小语种社区")为研究对象的文章,以象征费什曼人文关怀的最初办刊理念。另外,在形式方面,与其他四家相比,该刊文章篇幅明显较短(一般要求在五六千字之间)。该刊2013年发表的51篇特刊主题或文章标题如下(按发表时间顺序):

第一期"语言政策(研究)的民族志方法:理论、方法及实践"特刊共六篇文章(含介绍篇,下同)。由约翰森(D. C. Johnson)主编。

第二期"宗教与语言"特刊共九篇文章,由穆克吉(S. Mukherjee)主编。

第三期"语言竞争与语言扩散:交叉学科模式与个案研究"特刊共七篇文章,由卡巴特克与罗浮卡(J. Kabatek & L. Loureiro-Porto)主编。

第四期"移民、语言维护与变迁"特刊共八篇文章,由巴奎森与卡万伽马陆(G. Barkhuizen & N. M. Kamwangamalu)主编。

第五期"布列塔尼语(Breton):后白话(postvernacular)时代的挑战"共12篇文章(包括四篇非英文文章),由豪恩斯比与威格斯(M. Hornsby & D. Vigers)主编。

第六期共刊载如下九篇文章:葡萄牙语在联合国:政策框架的建构(A. C. d'Almeida & B. Otcu-Grillman);消费者能够区别书面语广告中动词的形式吗?乌拉圭蒙得维的亚语(Montevideo)语中的两个动词voseo与tuteo(J. R. Weyers);在评估口语中外国腔调时所应考虑的两个因素:代际因素及评测者是否知悉被试的非母语背景的影响(C. Tsurutani & E. Selvanathan);与科威特家庭雇工的互动:外国人谈话的语法特征(个案研究)(A. A. Dashti);跨语言与多语言书面语:一家国际学校基于青少年日记的案例研究(C. Jonsson);塞浦路斯的非线性双方言:布(迪厄)-特(鲁吉尔)显性声誉(co-overt prestige)说及向双势语的迁移(C. Rowe & K. K. Grohmann);重归斯特拉斯堡:讲法语潮吗?(P. Gardner-Chloros);阿非利亚语(南非语)与英语的接触:濒危语言还是双语的特例(S. C. Rooy)。

小语种及小语种社区第15期:巴斯克街头调查:公共空间语言使用评估20年(O. Altuna & J. Urla)。

2.2 《语言问题和语言规划》

该刊 1977 年创刊,是该领域较早的一本宏观语言学期刊,其前身名为"世界的语言问题"(*La monda lingvo-problemo*)(1969—1972,以刊载世界语文章为主)。自 2013 年起由里根(T. Reagan)担任主编,荣誉主编道金(H. Tonkin)。最初由莫顿(Mouton)出版公司出版,后转由约翰本杰明(John Benjamins)出版公司与"世界语言问题研究与文献中心"联合出版,每年出版三期,每期原创性文章只刊载四篇左右,经常包括一篇语际语言学(Interlinguistics)文章。该刊以英语为主,偶尔刊登世界语文章,其介绍中称也接受其他语言投稿。五本期刊中,它是唯一坚持投稿制而鲜见组织专刊的期刊。2013 年发表的 12 篇文章标题如下:

第一期刊载的四篇文章标题如下:以色列用希伯来语写作的阿拉伯作家:短暂的时髦还是持久的现象?(A. Shakour);古默匣里语言(Kumzari)及其使用者:一种阿曼穆桑达姆(Musandam)半岛的当地语言(J. Battenburg);汉语大堤正在溃于英语蚁穴:中国媒体上的语言意识形态之争(Y. Xi);语际语言学 20 世纪之初的宗教与人工语言:奥斯特瓦尔德与柴门霍夫(R. Garvía)。

第二期刊载的四篇文章标题如下:解读的关键性:南澳阿德莱德平原休眠语(sleeping language)考尔纳语(Kaurna)的语言规划(R. Amery);拨动凯瑟琳之轮:德国高等教育体系中的"英语化"现象探讨(C. W. Earls);语言问题与语言规划:基于语料库的历史考察(W. W. Li & H. T. Liu);语际语言学:当全球文化与地方文化相遇:20 世纪 20 年代日本乡村的世界语(I. Rapley)。

第三期刊载的四篇文章标题如下:语言怎样跟经济发生关系?对两种研究路径的考察(W. G. Zhang & G. Grenier);口译和少数民族语言规划与政策:以加利西亚语(Galician)为例(R. N. Baxter);塞浦路斯轿车牌照应该使用哪种字母?一个关涉语言规划、意识形态与认同的问题(D. Karoulla-Vrikki);唯英语神话:印度的多元语言教育(A. G. Rao)。

2.3 《多元语言与文化发展杂志》

该刊 1980 年创刊,现任主编爱德华教授(J. Edwards),原由 Multilingual Matters 出版,2009 年转由 Taylor and Francis 出版集团旗下的 Routledge 出版发行。该刊有两点很值得注意:一是其创刊时正值语言规划与政策研究领域认识论转向时刻。20 世纪七八十年代之交,受后现代思潮影响,人们开始反思语言规划实践的结果在新的全球化背景下的不适,即由技术乐观主义向后现代的转移[①]。正

[①] Ricento, T. (2000). Historical and Theoretical Perspectives in Language Policy and Planning. *Journal of Sociolinguistics* 4(2): 196-213.

如刊名所显示,此时多元语言和文化逐渐成为人们关注点,至今其仍是语言规划研究的核心问题。从这个意义上说,该刊刊名正体现了该研究领域的一个关键节点。二是期刊的出版频率逐增,1980 年创刊之时为每年四期,1983 年增为五期,2005 年增为六期,2012 年增为七期(期间也有因各种原因偶尔的增加或减少)。这个适应实际需要逐渐增加的过程,恰从一个侧面反映了这门学科三十多年来发展壮大的轨迹。2013 年发表的 41 篇文章标题或特刊主题如下:

第一期刊载的六篇文章标题如下:全球英语资本与国内经济:从 20 世纪 70 年代到 2012 初的日本情况(Y. Kobayashi);"妈妈和爸爸教不了你":发展中国家农村英语学习者学习动力的局限(M. Lamb);超越双势语(Diglossia)? 留尼汪岛(Reunion)的语言态度和认同(L. Oakes);伦敦第二代孟加拉移民中的语言变迁及语言活力(S. M. Rasinger);关于弗根森(Ferguson)定义双势语所用典型案例的再探讨(D. Snow);马来西亚沙捞越州土著语的语言应用及可持续性(S. -H. Ting & T. -Y. Ling)。

第二期刊载的六篇文章标题如下:语码转换时因多元语言理念而形成的不同感受(J. -M. Dewaele & S. Nakano);英国也门社区的语言实践与管理(G. R. Ferguson);(西班牙)加利西亚省(Galicia)的语言态度:应用变语配对实验对高中生中测试;(V. Loureiro-Rodriguez, M. M. Boggess & A. Goldsmith);ENEKuS 参照法:一个用于管理工作场所巴斯克语规范化转换的关键模型(I. Marko & I. Pikabea);输入多少才算足够? 濒危语儿童语言输入与理解的相关性(F. Meakins & G. Wigglesworth);母亲的社会工作与家庭语言维护(的关系)(I. Velázquez)。

第三期刊载的五篇文章标题如下:学校里的科里奥尔语:毛里求斯穆斯林语言与文学意识形态的个案研究(A. Mooznah, A. Owodally & S. Unjore);口语难点分析:对大陆与香港英语学习者的考察(Z. D. Gan);外国口音现象的分级:基于多因素分析的个案研究(R. Kraut & S. Wulff);日本大学生对待日本英语和美国英语的态度研究(S. Sasayama);个体认同在韩国大学生对待五种英语变体态度中的作用(C. Yook & S. Lindemann)。

第四期,"濒危语言"特刊七篇,由 P. K. Austin & J. Sallabank 主编。

第五期刊载的五篇文章标题如下:香港一所精英学校的一周生活见闻(J. Y. H. Chan);在台湾寻求语言认同:实证研究(J. -F. Dupré);古兰经学校中布道是如何成为圣语(sacred language)和二语的社交场合的(L. C. Moore);陌生文字的新正词法:参与性策略中的个案研究(C. J. Page);官方双语政策规划结果对认识加拿大非官方语言地位的影响(T. Ricento)。

第六期"公司里的语言多元化"特刊共五篇,由 T. Sherman & M. Strubell 主编。外加两篇投稿文章为:马来西亚语言多元化政策下菲(律宾)—马(来西亚)家庭的语言选择及政策(F. P. Dumanig, M. K. David & T. Shanmuganathan);构建一个白话语理论:以汉语白话书面语为师(D. Snow)。

第七期刊载的七篇文章标题如下:(泰国)东北(Isan)文化维护与复兴项目实施中的多语景观态度调查(J. Draper & P. Prasertsri);电视字幕与识字率:下一步的路径在哪?(E. Hefer);推特与威尔士语(R. J. Jones, D. Cunliffe & Z. R. Honeycutt);语言维护:自由—平等(liberal-egalitarian)主义方法(H. Lewis);伊朗语言认同模型与问卷调查:结构方程模型方法(M. Khatib & S. Rezaei);外语焦虑(anxiety)形成考察:自传法(T. T. Trang, R. B. Baldauf Jr. & K. Moni);澳大利亚亚洲留学生:利用结构方程模型构建融入动机、二语交际能力、跨文化适应及毅力四者之间的相关路径(B. H. Yu)。

2.4 《语言规划中的现时问题》

该刊由曾任美国和澳大利亚应用语言学会会长的开普兰(R. B. Kaplan)和巴尔道夫(R. B. Baldauf)两位教授于1998年创办,并由他们担任总主编和执行主编直至2013年。最初只有网络版,2000年由 Multilingual Matters 出版纸质版时改为现名,2009年转由 Routledge 公司出版发行。2014年起采取多主编集体分工负责制。该刊最别具一格的是其所开创的政体研究(polity study),即按国别大篇幅(可达四万字)地详细描述单一政体(国家或政治实体)的语言规划过程,然后将部分政体按地区结集成书发表(大部分由原作者修改扩充),旨在全球范围内较详尽地整理记载不同国别语言规划活动的真实历史过程,此举对该学科的建立与可持续发展可谓功莫大焉。至今该系列丛书已经出版了亚洲、非洲、欧洲和拉丁美洲集,共收录有关27个政体语言规划的研究性文章。近年来虽然也转向特刊制,但其按国别总结历史经验,为语言政策研究立案存档的特色仍然保存着。该刊为季刊。2013年该刊发表的29篇特刊主题及部分文章标题如下:

第一期"亚洲的语言规划与教学媒介语"特刊共11篇文章,由 M. O. Hamid, H. T. M. Nguyen & R. B. Baldauf Jr. 主编。

第二期"太平洋(岛国)的语言规划与土著语教育"特刊七篇,由 C. Jourdan & M. Salaün 主编。外加三篇投稿文章,分别为:夏威夷语的回归:复活运动的语言网络(M. Brenzinger & P. Heinrich);泰国在教育领域履行国际语言人权公约义务的现状(J. Draper);不要动我的语言:对政府机构语言改革的态度

(A. Reyes)。

第三期"语言规划的复杂性"特刊共八篇,由 G. Hogan-Brun 主编。

2.5 《语言政策》

该刊由 Bernard Spolsky 于 2002 年创办并担任主编至 2007 年,现任正副主编分别为首哈米和金恩(E. Shohamy 和 K. King)。该刊是领域里一本较年轻的期刊,该刊声称是第一本将语言政策与语言教育政策融为一体的期刊。关注语言政策研究的新领域,侧重政策理论与规划实践(特别是微观实践)相结合也是该刊的特色之一。该刊为季刊,除特刊外,每期一般只发表原创性研究文章四篇。2013 年发表的 19 篇文章标题及特刊主题如下:

第一期"家庭语言政策"特刊共七篇,由 X. L. Curdt-Christiansen 主编。

第二期共刊载如下四篇:欧盟推广多元语言政策的政治及政策(S. Romaine);国际组织对含有性别元素的语言形式的改革(E. Teso & L. Crolley);对速度的需要:亚利桑那州对英语学习者再分级的批评性话语分析(A. G. Leckie, S. E. Kaplan & E. Rubinstein-Ávila);(挪威)特罗姆瑟(Tromsø)是一个讲萨米语(Sámi)的城镇吗？语言意识形态、态度及围绕双语政策的争论(F. Hiss)。

第三期"参与到学术发表中来:语言政策及其实践的后果"特刊共五篇,由 M. J. Curry & T. Lillis 主编。

第四期共刊载如下三篇:向语言多元主义转变的空间:接触与友好相处(Q. E. Williams & C. Stroud);微观语言政策是不是被这样颁布的:卢旺达议会程序规则中的准语言政策(J. Gafaranga, C. Niyomugabo & V. Uwizeyimana);美国正在形成中的拉丁社区里的公民地位与语言教育政策(A. M. Figueroa)。

3. 概括与总结

根据我们对语言社会学的定义,结合语言政策研究领域经典作家和代表性学者的研究,特别是参开普兰与巴尔道夫两位学者框架对语言规划内容的概括和总结①,我们试将所选五家期刊的内容概括为如下七大方面②。

语言的地位规划与政策 12 篇:国语地位(2 篇)、双语双方言(双势语)(3 篇)、母语的国际传播(特刊 7 篇)。

---

① Kaplan, R. B. & Baldauf, R. B. Jr. (2003). Language and Language-in-Education Planning in the Pacific Basin. Dordrecht, The Netherlands: Springer.
② 在归纳时遇到重合与叠加情况时,我们尽量根据文章内容,确定文章的中心主题。但对特刊文章未再根据实际标题或内容进行再分类。

语言的本体规划与政策 18 篇：正词法（1 篇）、白话土语与书面语（特刊 12 篇外加 3 篇）、世界语（2 篇）。

语言声誉规划与政策 10 篇：主要是语言接触所造成的社会结果，包括语言的声誉规划（如科里奥尔语，4 篇），语码转换（1 篇）、语言纯洁主义（1 篇）、外语口音（包括语法，4 篇）。

语言的教育规划与政策 56 篇：包括课堂及与社会文化宏观因素相关的学习策略（4 篇）、土著语教育（特刊 7 篇外加 3 篇）、语言复兴与维护（5 篇）、媒介语（教学及学术发表）问题（特刊 16 篇外加 2 篇）、多元社会移民族裔语（特刊 8 篇外加 2 篇）、濒危语言问题（特刊 7 篇外加 2 篇）。

语言信仰及上层建筑和经济基础等特定部门 23 篇：包括语言意识形态（2 篇）、语言与经济（2 篇）、语言与宗教（特刊 9 篇外加 3 篇）、语言与政治（2 篇）、语言与性别（1 篇）、语言人权（1 篇）、语言与认同（3 篇）。

语言在特定场所的规划与政策 18 篇：包括工作场合（特刊 5 篇）、家庭（特刊 7 篇外加 3 篇）、语言景观（指街道车牌等，3 篇）。

其他 19 篇：包括规划的复杂性（特刊 8 篇）、语言管理方式及管理机构（2 篇）、语言政策研究方法探讨（特刊 6 篇外加 3 篇）。

综上，作为英语世界在该领域有较大国际影响的学术发表园地，这五家期刊在 2013 年共发表了 152 篇研究类（original research）文章，除四篇外其他都以英文发表，其中 92 篇为特刊文章，分布在 12 个主题下。初步的考察显示，语言规划经典理论框架所关注的传统部门，如语言的地位规划和本体规划，似乎已经不再占有主要地位；人们开始聚焦更加具体的规划领域，如语言与宗教、经济等的关系，以及在工作场所和家庭的具体应用。但另一方面，语言的教育规划仍然占有突出的地位，因为课堂毕竟是考察宏观政策与微观结果的最显要接口。此外，学者们对语言规划复杂性的认识及对研究方法的探讨所表现出的兴趣，也反映出学科的成熟与深入。需要说明的是，这里提供的只是对一年时段内五家期刊内容的概括，由于这种考察并非大样本的长期追踪，这种大致概括只能是粗线条勾勒。另一方面，我们也相信，一年跨度内的 152 篇文章完全可以典型地反映出国际学术界的关注焦点，展现出了研究视野的广阔性，研究内容的丰富性，以及视角的新颖性和方法的多样性。

值得指出的是，这五家期刊的标题、创刊的时间和顺序以及发表的重心，正恰当地反映了语言规划和政策研究这一学科的发展历程。《国际语言社会学杂志》的出现，体现了当时学者们在大量规划实践基础上开创一门新学科的愿望。《语言问题和语言规划》的提法显示，直至 20 世纪 70 年代中期，一部分业内人士仍然认为语言是一个需要"规划"的"问题"。稍后出现的《多语及多元文化发展杂志》则说明,在资本主义晚期的历史背景及以多元化为标志的后现代思潮影响下,全球化初露端倪,人们开始反思语言规划实践所带来的后果。而《语言规划中的现时问题》独特的办刊理念,表达了学者们认识到在反思和批判的同时,有必要翔实全面记录语言规划实践的过程。创刊于 21 世纪初的《语言政策》,表明学者们的关注点已经从对实践经验的总结与反思,提升到政策分析的理论层面。虽然这五本学术期刊在创办之初,无论是形式还是内容都尽量形成自己的特点,但随着研究的深入和发展,关注领域的扩大,互相之间的交集和重叠也逐渐增加,今天从内容上已经很难寻找出他们互相区别的明显特点,说明学者们对本研究领域所涵盖内容的认识趋于一致。

《杂语：实践与教学》述评

南京航空航天大学外国语学院　朱　波　柳　芬

摘要：由 Adrian Blackledge 和 Angela Creese 主编的 *Heteroglossia as Practice and Pedagogy*(2014)填补了该领域研究的空白。本文对其主要内容和结构进行了介绍，并从全球化、身份认同、语言观念和翻译研究等角度加以评论。作者希望通过对本书评介，让国内专业人员了解国外杂语实践和研究方法，关注杂语中内嵌的张力和活力，以及它对语言教育的理论与实践内涵，思考如何结合现实开展富有创新的本土化研究。

关键词：杂语；身份；语言教育

2014年，施普林格（Springer）出版集团发行了由英国伯明翰大学阿德里安·布莱克莱奇（Adrian Blackledge）和安吉拉·库瑞斯（Angela Creese）主编的《杂语：实践与教学》(*Heteroglossia as Practice and Pedagogy*)一书，绘制了世界各地杂语实践与教学的"全息图"。相比于"众声喧哗"在文学研究领域的显著成果，杂语在语言教学与研究中尚未得到应有关注。在全球化浪潮下，不同语言群体的跨域流动让杂语现象日益显现。杂语可以指口头或书面表达中出现两种或两种以上语言的现象，也可能是同一语言内部出现的、多种说话方式的混合。简言之，它是多种异质话语并存、相互争鸣的话语格局。跨越地域/族群的语言接触和文化交流，让社区与学校呈现出从单语到多语、从多语到杂语的转变。这本著作填补了杂语研究的空白。本文将择要介绍该书，评述其特点。

1. 主要内容

《杂语：实践与教学》一书由南茜·霍恩伯格（Nancy H. Hornberger）作序，共收录16篇论文，分为16章，具体内容如下。

第1章总论——《杂语：实践与教学》。作者布莱克莱奇和库瑞斯开宗明义，指出传统的"单语"和"多语"概念已不能反映语言应用的变化。作为一种社

---

* 本文为2014年全国翻译专业学位研究生教育研究项目（项目编号：MTIJZW201405）的成果之一。

会建构,"单一语言"可能具有重要意义,但它跟不上研究需要;"多语"(multilingualism)主要用来描述个人在语言多样性和语言接触中的语言能力,也无法展示出语言应用的真实图景。话语总是说出特定的世界观。巴赫金(Bakhtin 1998: 41；1981: 263)认为,一种语言可以"分解成各种社会方言、各种集团的表达习惯、职业行话、各种文体的语言、各代人各种年龄的语言、各种流派的语言、权威人物的语言、各种团体的语言和一时摩登的语言、一日甚至一时的社会政治语言(每日都会有自己的口号,自己的语汇,自己的侧重)"。多种语言或同一语言内部多种成分的杂合暗含着视点、立场和身份的冲突。布莱克莱奇和库瑞斯提出回归巴赫金的"杂语"概念,通过它来探索语言应用中的社会、政治和历史内涵。

在多语言的欧洲,追求经济政治一体化的欧盟奉行多元化的语言政策。本书从第2章开始,连续三章聚焦这一地区。在第2章《基于杂语和差异的多语课堂教学体验》中,布里吉塔·巴斯克(Brigitta Busch)介绍了维也纳一所学校的跨年级教学模式,研究学习者如何看待杂语能力,以及他们运用语式、语码和语篇生成意义丰富的文本——多模态的课堂日记、合作完成的"迷你图书",彰显出开放与多元的语言教学环境。在第3章《杂语、声调和社会分层》中,利安·马莱·马德森(Lian Malai Madsen)研究了哥本哈根青少年在交际目的驱动下的语音变化,以及实现夸张或时髦腔的具体方式,揭示出声调中内嵌的层级和认同关系。对杂语的观察和研究引发了对"语言"或"变体"等概念的质疑,作者认为它们代表了特定的语言意识形态,不能反映出真实的语言实践。第4章《杂语实践:萨米儿童、教材和说唱》介绍了萨米儿童的语言学习。居住在北极的萨米人是欧洲最大的原住民族群,分布在芬兰、挪威、瑞典和俄罗斯四国。萨米人讲七种不同的方言,有丰富的民族文化。萨利·佩迪凯南(Sari Pietikäinen)和赫奈尔·达夫瓦(Hannele Dufva)介绍了萨米学生在父母帮助下对教材进行改造,通过说唱方式呼吁恢复萨米语教学;对多种表达方式进行战略性组合、混用和循环,形成了日常话语的"复调"和多种意义。

接下来,《杂语:实践与教学》开始关注说唱形式的杂语。在第6章《蒙特利尔多语社区的语言转化:颠覆传统课堂的日常话语》中,布朗温·劳(Bronwen Low)和米拉·萨卡(Mela Sarkar)探讨将(多语)说唱用于语言教学,改变单语教学模式。此外,他们还通过诗学理论,比如爱德华·格里桑(Edouard Glissant)的《加勒比话语》(1989)和《关系诗学》(1997),以及马提尼克学派的克里奥尔化理论,提出反思口语和书面语、方言和标准语之间的关系,激发语言教学中的想象力。在第7章《集实践、娱乐和公众教育于一体的说唱杂语:香港"廿四味"乐队歌词的跨语言产出》中，安琪·林（Angel Lin）以香港"廿四味"乐队为例，分析了杂语化的音乐风格和歌词，展现出后殖民语境下本地和跨域身份的冲突与交融。

书中也收录了来自非洲地区的杂语研究成果。第 5 章为《"上帝是我的减震器"：从社会历史和种族融合看 20 世纪中期加纳的书写实践》。作者森弗里·马可尼（Sinfree Makoni）把目光对准出租车身上的各种文字，从种族融合角度探讨了当地语言的发展与变化，提出语言研究要超越社会语言学的既定框架，和同源学科（比如历史或人类学）结合起来。

第 8 章《学习一门超方言：南非小镇的"火星文"》中，人种学家扬·布罗马特（Jan Blommaert）和菲尔·维尔赫（Fie Velghe）对开普敦地区流行的"火星文"——一种手机短信形式的超方言变体展开研究，用人种学方法记录了当事人学习"火星文"的过程。作者把"火星文"视为一种特殊的符号系统，建议从指示性而不要从语言结构或功能方面来研究"火星文"，认为与其把它看成一种语言，不如把它看作一种声音，这种发声方式可以让使用者快速融入社区，与同侪实现互动。

网络环境下的杂语实践在书中也得到关照。在第 9 章《计算机中介语言学习中的杂语及其模糊性》中，大卫·马里诺维茨基（David Malinowski）和克莱尔·克拉姆奇（Claire Kramsch）探讨了计算机中介交流（Computer-Mediated Communication，CMC）中的杂语现象。通常，CMC 展现出各种形式的杂语，包括各种语言代码和风格、表达意见和观点的不同方式以及意义构建模态。它不仅是建构合作性任务的工具，而且可以成为一种潜在的转换手段，学习者可以根据自己的知识和主体性，用来建构课堂外二语使用者的身份，但作为辅助技术，它并不能确保对语言的真实体验。通过课堂观察、网络话语和学习者反思，马里诺维茨基和克拉姆奇指出在线语言既不是巴赫金所说的"杂语"，也不是杂语想要抵制的权力话语，而是回声（echoing）和镜像（mirroring）。学习者在很多情况下还要依靠自身（不是技术）来突破语言学习的瓶颈。在第 10 章《网络出版中的杂语实践：跨越数字和地理边界的复杂性》中，希尔维亚·诺格荣-刘（Silvia Noguerón-Liu）和多莉丝·沃瑞纳（Doris S. Warriner）探讨了美国西南部移民在数字媒体环境下的多语言、多方言和多模态互动。作者深入分析了移民在西语网站设计和建设中的对话，运用杂语、多模态等概念来考查英语学习者之间的互动，以及他们对不同语言、语言变体和符号系统所持的价值观。

在第 11 章《构建并运用语言转化来实现社会公正》中，奥菲利娅·加西亚（Ofelia García）和卡米拉·列瓦（Camila Leiva）借助跨文化（transculturación）、自生（autopoiesis）、殖民性和边界思维等理论来审视语言转化（trans-languaging），记录了英语课上的 trans-languaging。所谓 trans-languaging，是指用一种语言进行读或听，用另一种语言来讨论或写一篇短文，在输入和输出中使用不同语言。这种方法不仅有利于发展语言技能，还能帮助学生理解学科知识。作为一种教学手段，trans-languaging 可以帮助少数族裔学生发展动态双语能力，让他们尽快融入主流社会，满足多语需求；教师鼓励学生多使用母语，实现母语与英语的交融。第12章题为《反思阿尔萨斯的双语教学：跨语作家和语言转化》。作者克里斯汀·埃洛特（Christine Hélot）介绍了阿尔萨斯的双语（法语/德语）教学模式，对单语模式、儿童文学中的语言接触、双语表现和翻译等进行反思，把翻译看成语言转化，提出让翻译回归双语教学。通过实例，作者指出语言转化能够促进双语和多语教学。

在第13章《聚焦教育中的多语现象》中，作者杰索尼·塞诺斯（Jasone Cenoz）和德克·高特（Durk Gorter）从多语者、多语能力和语境等三方面对（跨越西班牙和法国边界的）巴斯克地区的多语教育展开研究。语言即人，人即语言。语言是身份建构的主要媒介，在身份研究中占据中心位置。从本质上说语言之间没有高低之分，只不过"语由人贵"，根本上还是经济因素渗入到心理，进而投射到语言上。在日常交往中，巴斯克地区居民把语言作为一种资源，通过多语来构建多重身份。在第14章《"gusame ka" lata！：西裔社区的伪西班牙语》中，霍丽·林克（Holly Link）、萨拉·加罗（Sarah Gallo）和斯坦顿·沃瑟姆（Stanton Wortham）三位作者关注以英语为母语的非裔学生，研究他们的"伪西班牙语"——在模仿、互动、寻求关注或嘲弄时使用的西班牙语单词或短语。在非裔学生中流行的"伪西班牙语"挑战了英语的统治地位，反映出儿童对语言差别的敏感，以及他们通过语言学习来构筑多种身份的能力。第15章《跨越与仿效：互动仪式还是表演？》，作者本·兰普顿（Ben Rampton）参照美国著名社会学家戈夫曼（Goffman）的拟剧论和互动仪式（interaction ritual），对青少年行为展开研究。仿效（Stylization）是一种自反性交际行为，说话者模仿日常用语之外的某些特殊语言、方言和风格，通过夸张的方式予以表现。跨越（Crossing）则是一种跨越民族、种族或语言社团界限的语码转换，包含一种更强烈的社会与种族越界感。在日常交流中，人们使用的语言变体有可能被视为（反常的）"他者"，引起合法性和权利争议。通过研究，兰普顿发现：（1）在冲突情境中，仿效是一种冒险，作为互动方式，跨越和仿效在危急时刻更容易被接受；（2）表演暗含着一种条件反射式的镇定，很难与社会阶层体验保持一致，而互动却可以用来解释年轻人模仿伦敦腔的原因，因为它是时尚标志。

第16章《标记交流能力的元评论》，作者贝茜·拉姆斯（Betsy Rymes）认为人们积累特殊经验作为交际资源，并在日常交流中使用这些交际要素，旨在开辟一条随意编码、去语域的、新的交际方式。然而，面对这种因人而异的新鲜表达，问题在于人们如何相互理解？既然无须遵守语言、方言和语域的规范性期待，人们在交流过程中如何判断相关要素？作者提出采用元评论概念，把它作为研究杂语的主要手段。

2. 简要评论

本书围绕"杂语实践与教学"这一领域，深入考查不同地区呈现出的杂语现象，对杂语的论述既有理论思辨，又有实证研究支持，是一部很有参考价值的学术文献。从整体看，具有以下几个突出特点。

（1）跨越时空，内容丰富，开拓了研究视野。沿着设定的路线图，编者从伯明翰开始，涵盖维也纳、哥本哈根、阿尔萨斯、巴斯克、伦敦、纽约、蒙特利尔、香港和开普敦等多个城市和地区，透视不同地域、不同语言之间的语言杂合现象。除了传统的书面文本和课堂话语外，还有形式各异的杂语现象，包括英国多种族工人阶级社区的语音变化、加纳出租车上的文字、南非小镇上流行的"火星文"、萨米学生、香港乐队、魁北克艺术家的说唱以及网络环境中的杂语等。

（2）理论与实证研究相结合，研究视角多元化、立体化。所收论文不但对杂语、对话、复调、多声等理论做出深入分析和权威解读，而且引入语域化与解域、跨文化、自生、种族融合主义、互动仪式、克里奥尔化、多模态、语言转化和元评论等概念，从多个维度来分析杂语现象；采用人种学研究方法，以录音、录像、照片、问卷、观察日记、访谈等资料为基础，力求客观性、准确性和科学性，可以滋养来自不同领域、具有不同兴趣的研究者。

（3）通过杂语内部的张力和身份冲突，倡导在语言教学中关注杂语和多语现象，将其视为可利用的、创造性资源，丰富教学手段。比如，第6章建议将（多语）说唱应用于语言教学，第12章提出把翻译融入双语教学，第11章对语言转化和双语教学的探讨，以及第13章聚焦多语等，启发教师反思并利用学生在课堂外的、非正式的杂语实践和内化过程，对文化和身份问题、语言中的阶层分化、社会公正等问题进行探讨，为语言教学带来新的启示。无论怎样区分，杂语中的每一种语言或说话方式都是观察世界的独特视点。它们交汇在一起，形成"多音共鸣"，对优势语言/话语的地位带来挑战。充分认识并化解杂语中的冲突和张力，可以促进语言教学，构建多元文化和多重身份。

（4）给翻译研究带来启示，促进翻译研究由书面到口头、由文本到人、由外到内的转向。传统意义上的翻译是指把信息从源语向目的语进行完全的转换，是两种单一语言之间的转换。多语和杂语颠覆了传统翻译模型中的单语意识，冲击了关于原文和译文的二分法。翻译与杂语密切关系：不同语言之间的杂合与转换可以对应雅各布森（Roman Jacobson）所说的语际翻译（interlingual translation）；同一语言内部不同话语的混合现象，可以借助语内翻译（intralingual translation）这一概念加以研究（李波，2008：12-13）。传统的翻译研究通常赋予作者以原创性而忽略译者。通过杂语这个视角，研究者就能看到译者内心的"翻译"和"调适"，感受到话语中的冲突与张力，而这类研究可以丰富和拓宽译者身份概念，凸显语言转化、自我翻译（self-translation）、跨语和跨域传播中的原创性，体现出翻译研究由外到内的转向：和想象中的同一性或稳定性不同，流动性、混合性、政治张力和历史内涵在翻译和跨文化研究中日益显现。

当然，本书也存在一些不足之处。首先，理论介绍不够系统，散于各章；其次，在一些内容和话题上有交叠，在编排上给人一种"杂合"的感觉，缺乏条理性。但是，瑕不掩瑜，它在深度、广度和研究方法上都具有一定特色，为语言教学与研究打开了一扇窗，带来了新鲜空气。

参考文献：

1. 巴赫金，1998，《长篇小说的话语》[A]，载《巴赫金全集》（第三卷）[C]，白春仁、晓河译。石家庄：河北教育出版社。
2. 李波，2008，翻译研究的对话性路径——巴赫金思想与翻译研究[D]，香港岭南大学博士论文。
3. Bakhtin, M. M. 1981. *The Dialogic Imagination: Four Essays* [C]. Michael Holquist (eds). Caryl Emerson and Michael Holquist (trans). Austin：University of Texas.

作者简介： 朱波，男，南京航空航天大学外国语学院副教授，上海外国语大学博士生。研究方向：翻译学、语言教育。电子邮箱：zhu.b@nuaa.edu.cn。柳芬，女，南京航空航天大学外国语学院研究生。研究方向：翻译学。电子邮箱：1044859049@qq.com。

第三届国际语言教育政策研讨会综述

上海外国语大学　朱　晔

2014年6月14—15日,"第三届国际语言教育政策研讨会"在台湾省高雄市召开。这次会议由国际语言教育政策研究联合会(INLEPS)和高雄师范大学联合举办,30多位来自美国、日本、韩国、印度、土耳其、西班牙、葡萄牙以及中国大陆和台湾地区的学者参加了研讨会。本次会议在"国际语言教育政策"的主题下分设三个专题,即"语言政策与和平"、"外语教育政策"以及"多媒体外语教学",参会学者就相关专题开展了广泛而深入的研讨。

"语言政策与和平"是语言教育政策领域的全新研究命题,部分与会学者将语言教育政策的具体问题与维护世界和平相关联,提出了具有创新性的观点。国际语言教育政策研究联合会主席、美国威斯康星麦迪逊大学François Victor Tochon从跨学科视角,探讨了全球语言教育政策与和平教育的关系,他认为培养多语能力应该成为和平教育的目标之一,这也将成为和平教育的新趋势。上海外国语大学梅德明教授围绕构建和谐的国际公民社会,论述了上海多语教育和服务的实践和政策经验,展示了日益国际化的上海城市多语景观。日本八户技术学院齐藤明宏调查了教育中的语言政策与社会冲突的关系,指出语言教育和研究人员应探寻能够赋予人们构建和平社区所需知识的方法。上海外国语大学沈骑教授从政策内容、过程和价值三个维度比较了日本、韩国和中国外语教育政策发展的基本状况,指出外语教育在东亚现代化和区域和平和发展中起着重要作用。华中农业大学龚献静提出了改革中国现行外语教育政策的基本思路,希望以此促进世界与国家的和谐。

关于各国外语教育政策的演变、现状与发展,部分与会学者针对各自所在国家与地区的具体情况发表了研究成果。台湾大仁科技大学庄永山分析了欧洲语言共同参考框架被引介入台湾后对外语教学产生的影响和所面临的困难,指出应重新审视其作用,从而更好地推动台湾外语教学发展。上海外国语大学朱晔副教授基于近十五年中国英汉双语教育的发展状况,以教育部和上海市推动高校双语教学的相关文件及实施情况为例,指出影响当前国内双语教育发展的首要问题是相关政策的缺位,而这一现状亟待改变。日本龙谷大学松村省一和日本熊本大学长岑寿宣以英语教学为例,回顾了日本的外语教育政策与实践,调查并分析了日本外语教育政策在制定与实施间存在的矛盾,并指出了日本外语教育健康发展所面临的挑战。葡萄牙米尼奥大学 Maria Alfredo Moreira 介绍了东帝汶自 2012 年起实施的初中新课程计划,作为英语教学大纲和教师指南开发负责人,他探讨了外语教育在面临政治和意识形态两难时应该如何抉择。

当前,外语教学大量采用新技术、新媒体手段,因此以"多媒体外语教学"为主题的大会发言也引起了与会代表的极大兴趣。上海外国语大学陈坚林教授结合中国大陆多媒体信息技术与外语教学改革整合的理论与实践,重点探讨了信息技术在外语教育变革中的重要作用和价值。上海建桥学院刘燕分析了多媒体在内容依托型外语教学中的角色与任务,并探讨了此背景下教师角色的转变问题。东南大学李晨回顾、梳理并总结了 20 世纪 20 年代以来教育技术运用与中国外语教育的历史,指出好的外语教育政策对于技术在外语教育中的运用将起到重要作用。

本次研讨会搭建了一个高水平的学术交流平台,展示了语言教育政策领域的最新研究成果,对于推动国际语言教育政策研究起到了积极的作用。

第九届中国社会语言学国际学术研讨会综述

新疆师范大学国际文化交流学院 刘宏宇

第九届中国社会语言学国际学术研讨会暨第五届全国教育教材语言研讨会于 2014 年 7 月 20—23 日在新疆师范大学召开。本次会议由中国社会语言学会、新疆师范大学和厦门大学国家语言资源监测与研究教育教材语言中心联合主办,新疆师范大学国际文化交流学院、新疆维吾尔自治区普通高等学校人文社会科学重点研究基地"中亚汉语国际教育研究中心"、新疆师范大学校级重点学科"语言学及应用语言学"联合承办。会议的主题为"语言教育的多学科研究"。

大会共收到学术论文一百二十余篇,有来自新加坡、日本、韩国、中国大陆和台湾地区,以及香港、澳门地区的一百三十余位代表出席了本次会议。

7月21日上午的开幕式由中国社会语言学会副会长田海龙教授主持。全国政协常委、新疆师范大学副校长牛汝极教授致欢迎辞。香港教育学院邹嘉彦教授、中国社会语言学会会长苏金智教授分别代表与会专家和学会致辞。

开幕式后徐杰教授、黄行教授、邹嘉彦教授等三位专家进行了大会主题发言。徐杰教授在题为"语言潜能与语言配套"的发言中,以新加坡和澳门两个双语个案为例,认为从单语转向双语是人类活动范围扩大的必然结果。全国一体化的必然结果是"家乡话+国家普通话";而世界一体化的必然结果则是"国家普通话+世界普通话"。黄行教授以"当前我国少数民族语言政策解读"为题,依据我国政府最新的关于民族语言的文件要求,将当前国家调整和实施新时期民族语言政策规划的内容概括为:(1)民族地区国家通用语言文字的推广和普及;(2)科学保护各民族语言文字;(3)少数民族语言文字的规范化、标准化和信息处理;(4)开展语言国情调查。邹嘉彦教授研究了当前世界各国普遍存在的多语多文化现象后认为:(1)在国家或社群内,这些语言是否有某些明确的功能;(2)其成员是否有适当的语言能力来配合所属大群体的社会要求与既定功能;(3)语言教育政策的制定;(4)有关双语教学制度的实践等四个方面是探讨双语教学模式的应用成效的理论依据。

7月21日下午至22日早晨为分组讨论。各位参会者主要围绕语言教育研究、对外汉语教育研究、母语教育研究、语言规划与语言调查研究、语言变化研究、综合问题研究等六个主题进行了深入的学术探讨与交流。

会议期间还进行了青年学者优秀论文奖的评奖,本次会议共有九位青年学者的论文进入到终评阶段,经过评审组专家的评审,最终评出一等奖一名、二等奖两名、三等奖四名。其中新疆师范大学尹春梅的"比什凯克市东干族语言使用情况调查研究"获得一等奖。

22日下午的主题发言分别是:魏晖研究员的"舆情视角下的语言教育问题分析及思考"、苏新春教授的"民国语文教材的用字用词特点"及梁云教授的"中高级汉语水平留学生即时通信工具语言使用情况调查研究"。

主题发言后进行了青年学者优秀论文奖的颁奖仪式。在自由发言阶段,参会学者畅所欲言。最后,南昌大学客赣方言与语言应用研究中心的胡松柏教授代表下届(第十届中国社会语言学国际学术研讨会)承办单位向参会学者发出了诚挚的邀请。

Abstracts of Papers

Historical and Theoretical Perspectives in Language Policy and Planning

This paper explores the evolution of language policy and planning (LPP) as an area of research from the end of World War II to the present day. Based on analysis of the LPP literature, three types of factors are identified as having been instrumental in shaping the field. These factors — macro socio-political, epistemological, and strategic — individually and interactively have influenced the kinds of questions asked, methodologies adopted, and goals aspired to in LPP research. Research in LPP is divided into three historical phases: (1) decolonization, structuralism, and pragmatism; (2) the failure of modernization, critical sociolinguistics, and access; and (3) the new world order, postmodernism, and linguistic human rights. The paper concludes with a discussion of current research trends and areas requiring further investigation.

Keywords: epistemology; critical social theory; intellectual history; language ecology; language planning; language policy

Secessionism and Language Problems

Language, one of the most important communication tools and identity symbols, is closely associated with territory integrity and harmonious coexistence of ethnic groups. It plays a crucial role in separatist movements severely undermining national security. This paper, through an analysis of four separatist movement cases, discusses the relationship between language and national security, the theoretical background behind this relationship, and the political-philosophical basis of different types of language policies, and finally presents several issues that should be taken into consideration in China's language policy making.

Keywords: language and ethnic groups; secessionism; language policy; language conflict

The Orientation of College English Education in Light of National Requirement for Foreign Language Capacity

National foreign language capacity differs from personal foreign language capacity in that it requires college students to have the necessary English language skills to enable them to succeed in their academic studies and future careers, so that they will communicate effectively and competitively in international academic discourses. College English education, however, fails to take such requirement into consideration. In its syllabus, there is neither a target for the present use of English nor the requirement for adequate language skills needed in academic studies. To improve foreign language efficiency and satisfy the requirements for foreign language capacity, college English education should have new orientation and requirements.

Keywords: national foreign language capacity; college English; EAP

Spain's Language Education Strategy Adjustment in Globalization

At the end of 2013, the *Organic Law to Enhance Education Quality* submitted by the Ministry of Education, Culture and Sports was approved in Spain, which marks the start of a series of education reform. The re-stipulation about the language education in this reform shows that the Spanish government has made adjustment to language education strategy in the context of globalization: the importance of language learning has been stressed; Spanish, the national official language, has been placed at a more important position in Spain's education system; the decision-making power of the central government on language education has been strengthened. This paper reviews and analyzes the background, details and implications of the strategic adjustment to language education policy in Spain.

Keywords: language education strategy; Spain; education reform; globalization

Language Survey: Theory and Method

Language situation constitutes an important part of national conditions, and is therefore the prerequisite and basis of language planning and policy making. Through a full exploration of the theoretical significance, practical value and main contents of language surveys, this paper stresses the importance of carrying out such investigation and points out theoretical and methodological issues to be redressed.

Keywords: language situation; language situation studies; language survey

An Analytical Summary of the *Survey of Language Competence and Actualities of Shanghai Citizens*

This paper is an analytical questionnaire summary of *Language Competence and Actualities of Shanghai Citizens* with key focuses on language proficiencies, language performance and language learning in the city. The analytical summary, while profiling a general picture of the city, also aims to highlight differences of social linguistic significance in terms of age, education, occupation and locality. The analytical results will serve future studies on language policies and city administration.

Keywords: language proficiency, language survey, language administration